MARC DE MONTIFAUD

LES ROMANTIQUES

AVEC

UN PORTRAIT DE VICTOR HUGO

DATANT DE L'ÉPOQUE ROMANTIQUE

Gravé par Hanriot

> Vous dont les censures s'étendent
> Dessus les ouvrages de tous,
> Ce livre se moque de vous.
> MALHERBE.

PARIS

1878

Tous droits réservés.

LES
ROMANTIQUES

Il a été tiré de cet ouvrage cent exemplaires numérotés sur grand papier de Hollande.

PARIS. — IMPRIMERIE ADOLPHE REIFF, 9, PLACE CAMBRAI.

Victor Hugo

ROMANTIQUES
ET
INTRANSIGEANTS

> Vous dont les censures s'étendent
> Dessus les ouvrages de tous,
> Ce livre se moque de vous.
> MALESHERBE.

Les puissants, les fortunés, les légistes obèses et les bourgeois tremblaient. Les cloches de la *Notre-dame* d'Hugo, avaient sonné à toute volée l'appel aux armes. Chaque réunion devenait une bataille. Des hiérarchies littéraires jusqu'aux corps d'état, la ligue défensive s'organisait. La résistance au romantisme se composait des mêmes adversaires que ceux qui préconisaient l'ordre établi en politique: les chauves de toutes les catégories, les cuistres du professorat, avant tout; les hommes qui passaient de l'exercice du prétoire à l'épicerie et auxquels est familière cette pose qui consiste à croiser ses mains sur l'abdomen et à tourner ses pouces; tous ces prudhommes au ventre tendu comme des tambours et aux membres cartilagineux et flasques, tous ces gluants de nuance indécise, au masque gras et rasé reposant leur menton sur un col triangulaire, trouvaient le secret de prolonger la bataille. Ils mettaient la même emphase à porter la queue de la tragédie qu'on en met aujourd'hui à porter la queue des ordres moraliens; alors comme à présent c'étaient bien les mêmes têtes qu'on aurait dû servir sur du papier découpé comme on sert la tête de l'animal aux longues soies qui les symbolise en politique et en littérature.

Les victoires de Casimir Delavigne ne laissaient pas alors beaucoup de vaincus derrière eux; « il a eu son heure, il a eu son jour, écrit Arsène Houssaye, mais ce fut un jour sans lendemain. N'a pas d'ailleurs qui veut, parmi les mieux doués, le rayon d'un jour. C'est moins le rayon de l'invention qui aura manqué à Casimir Delavigne, que la science du style qui donne le sceau de l'immortalité. Il avait fini par s'imprégner du sentiment romantique : mais l'opinion est une grande dédaigneuse qui ne revient pas sur ses premiers jugements; chez Casimir Delavigne le passé a tué l'avénir. Shakespeare et Hugo ont eu beau lui donner les admirables leçons de la grandeur, de la beauté, du pittoresque : il n'écoutait que d'une oreille, tant il entendait encore les chansons de Ducis et de Colin d'Harleville. » Aujourd'hui, les Ducis de la littérature reprennent le terrain qu'ils ont cédé et encombrent les vitrines des libraires, ils repoussent aussi féconds que des betteraves dans un champ ; vrais ressemeleurs des idées d'autrui, leur littérature est une orgie d'eau claire où transpare mieux encore la pauvreté, la débilité de l'œuvre, la sentimentalité bête. Les femmes y ressemblent aux figures orthopédiques dont on rectifie les défauts de taille ou de hanche à l'aide d'un appareil; cela s'appelle la vertu, l'honneur, le dévouement, voire même l'amour, quand par hasard le romancier y pense. Seuls, les derniers romantiques éclairent encore le sommet de la montagne gravi autrefois, Hugo en tête. La chaleur du rayonnement est restée si forte, qu'elle passe sur les paupières de ceux qui dorment et les réveille. Qu'était-ce donc à son aube ?

Le style, le craquant du modelé, le velours et la rugosité des termes, le scintillant du mot, l'art de chromatiser des périodes, de faire mordre la chute d'une phrase, et de bafouer la méthode, la pratique de l'onomatopée, la recherche dans la brisure des phrases de l'effet rêvé par le peintre, lorsqu'il fait rebondir son rayon sur l'angle d'un meuble : ce sont là les aspects de forme les plus achevés du romantisme. Dans cette vaste combinaison de vocables, le coloris artistique atteignit des intensités si vives qu'elles paraissent encore imprévues. Ce fut un éblouissement. Il y en eut — Louis Bertrand par exemple, — qui taillaient le mot comme une facette, et lui donnaient des évidences, des rondeurs de relief inouïes; une seule phrase enfermait un tableau, dans sa brièveté qui possédait sa perspective, ses notes, ses tons et ses valeurs; le muscle anatomique de la charpente s'y faisait sentir sous la coloration; ce n'était pas la phrase faite de vapeurs tissées; sous le dessin grammatical de l'enveloppe pleine et charnue, on sentait affluer le sang, la vie. La divinité du romantisme semblait, d'après les préceptes de la nouvelle génèse du beau, répandre la forme par la nature pour se réjouir; le style était devenu un art de lapidaire; on ciselait des joyaux gothiques et des joyaux renaissance. La langue était découpée, fouillée en arabesques qui se chantournaient avec un caprice infini, et une puissance souveraine. Beaucoup de titres d'ouvrages qui n'ont jamais paru, sont toute une révélation : *Pâtures à liseurs*, *Faust dauphin de France*, *Aventures de deux gentilshommes périgourdins*, *Fumée de ma pipe*, *Choses quelconques*, *Contes du Froc et de la Cagoule*. *Le capitaine Fracasse*, qui fut seul publié, avait été rêvé à cette même heure où l'exaspération du bourgeois hurlant d'horreur était la plus haute récompense d'une veille d'écrivain, comme elle l'est restée aujourd'hui. Quel contraste que cette filière du XVI⁰ siècle, en regard de sa *solidité*, l'ancienne école, haute en dignité et en ampleur, pétrie d'arrogance et d'immobilité! La victoire fut loin de demeurer facile. Les vieux troncs superbes du siècle monarchique étendaient leur solennel feuillage sur le monde littéraire, abritant quelques vieillards augustes ou dignes de l'être. Ces illustres lisaient Shakespeare dans la traduction de Ducis, comme on lit Homère dans Bitaubé; traduction après laquelle on était tenté, afin d'échapper à l'absurde, de parler quelque temps auvergnat. Tout ce qui reflétait l'ardeur des sens était condamné sans merci. La passion devait demander cinq actes lamentables pour exposer sa flamme, sous peine d'être expulsée du théâtre. On n'était pas plus engoué de Pradon. En politique, on déracine des principes et des gouvernements; en littérature cela ne se peut; il faut vivre à côté les uns des autres, mais ce choc continuel est un élément de force.

Or, le romantisme, sur lequel pesaient tant de sourdes haines, avait des délicatesses et des minuties de touche qui relevaient un peu de l'art flamand, mais, rompant avec l'ennui dogmatique, poussant son hourrah sous les vieux cloîtres abandonnés, allégeant la poésie de ses dictionnaires, et la peinture de ses perpétuels fonds de fabrique, il devait compter avec les fidèles de l'ancien temple. Tout ce qui dormait dans l'officialité du style fut réveillé bon gré mal gré. Les nouveaux profanateurs de tombes se plurent à évoquer les légendes, comme le jeune moine d'Henri Heine qui évoquait à l'aide de la « clef d'enfer » la pauvre beauté morte enveloppée de ses blancs tissus. On se passionnait pour ces figures qui sentaient leur damnation. L'architecture monastique servait de cadre à des fictions amoureuses terribles; le donjon relevait son pennon, ouvrait ses trappes, ses oubliettes; le drame parcourait des cercles doubles plus nombreux que ceux du Dante; le chef de bande, Hernani, avait crié holà! à tous, barons, proscrits, moines, bacheliers, qui se réveillaient étonnés de se retrouver chez eux, et recommençaient à gravir les escaliers des vieilles tours. On dérangeait les chouettes, et on entendait la retombée des chaînes avant minuit; un cliquetis de ferraille battait les pages du roman, et le critique tenait pour contrepoids de sa plume une lanterne sourde, afin de ne pas perdre l'équilibre.

C'était bien l'amour de la ligne pour la ligne, qui consiste à mettre dans une création littéraire autant de galbe et de dessin qu'il y en a dans un marbre, autant de charpente que dans l'architecture, à faire de l'émail dans le jeu des idées, comme on en fait dans le sens pictural, à étreindre « l'océan des choses » éparses dans la création, afin de les styliser en une enveloppe qui leur communique la force, la tournure, le mouvement. C'était bien en un mot, s'assumer toutes les ivresses de la matière; car, dans le mot, dans la plastique de la prose, on s'enivre à la fois du son, de la coupe, de la couleur; quelques écrivains ne donnèrent jamais que de la fresque, comme d'autres accusèrent les objets par la fameuse tache des impressionnalistes; mais le procédé est le même : c'est toujours la recherche très-positive du vrai.

On a appelé le romantisme « littérature des sens. » Soit; mais, en littérature, l'inspiration est souvent une chose banale en son universalité; tout le monde peut être ému par un coucher de soleil, mais ce qui n'appartient pas à tout le monde, c'est d'enfermer ce qui a été vivant et coloré, dans une œuvre écrite ou sculptée, dans la facture toute charnelle de l'art. Ce qu'il y a de juste en littérature, c'est le métier. Gautier l'a proclamé et prouvé. La forme dans l'art est comme Hélène; « le poëte la crée à sa fantaisie; elle ne sera jamais majeure, jamais vieille; elle a toujours l'aspect séduisant qui éveille le désir. » Ainsi donc, hors du sensible, du jeu de la vie, il est douteux de faire régner le beau. La langue abstraite des idées qui, sans cesse agrandit le domaine du rêve, ne saurait lutter avec l'expression des faits extérieurs. C'est l'expression qui coordonne jusqu'aux ombres et les rend malléables, comme l'argile sous les doigts du modeleur.

L'expression est la clef magique que Méphisto remet à son disciple, clef servant à rendre palpables les fantômes du passé : « Elle m'a guidé, dit Faust, à travers l'épouvante et le flot et la vague des espaces solitaires, et m'a ramené sur ce terrain solide. Ici je prends pied, *ici est le domaine du réel.* » Il n'y a que les affolés du contour énergique auxquels il soit donné de comprendre que la beauté absolue ne prendra jamais pied hors de ce « domaine du réel ».

Et voilà pourquoi Arsène Houssaye a pu dire en sens contraire : Enfin, Hugo vint, comme Boileau avait dit : Enfin, Malherbe vint. C'était la vie qui revenait sur le néant.

Mais citons la page de l'auteur du *41ᵉ fauteuil* : « Ce que Malherbe avait ôté à la glorieuse Renaissance, il nous le rendit ; il fit mieux, il nous donna Victor Hugo. Ce fut comme un éblouissement. Les Rhéteurs furent aveuglés, mais toute la jeunesse baigna ses yeux dans cette lumière inattendue. Victor Hugo, dieu du jour, conduisait le char du soleil. Bienheureux surtout ceux qui avaient alors vingt ans, car tous, Alfred de Musset comme Théophile Gautier ; Alfred de Vigny comme Auguste Barbier, tous se jetèrent en cette autre Renaissance, qui faisait la nuit sur les vieilles écoles. La poésie française avait désormais un maître ; Lamartine fut l'aurore, Victor Hugo fut le soleil.

« Au théâtre, chacune des heures de Victor Hugo fut une bataille et un triomphe.

Ces jours-là, Paris avait la fièvre, on sentait que l'esprit humain était en jeu. C'était en vain que toutes les intelligences qui retardent assemblaient les nuages sur la lumière, la lumière resplendissait.

« Les victoires de Victor Hugo ont été d'autant plus belles qu'elles ont été rudes; la France est ainsi faite que tout emmaillotée dans la tradition, elle ne veut admirer que les morts. On n'a pas oublié encore la guerre aveugle de la critique; Gustave Planche, entre autres, y a cassé ses dents. Ce qu'il y a de plus étrange, c'est que les fils de la Révolution étaient les plus acharnés à combattre ce révolutionnaire de la poésie, de l'imagination et de la langue. Armand Carrel n'a-t-il pas dit que Victor Hugo passerait comme le café! »

Ce grand nom de Victor Hugo part de l'aurore du romantisme dont il est le soleil levant, pour protéger encore à son couchant l'école de la vérité. Cela nous ramène directement à la question si actuelle et si vivante de l'impressionnalisme en littérature, et c'est en quoi ce livre sur les romantiques n'est pas isolé de certaines créations contemporaines.

En principe, nous croyons que l'on doit arborer ce point de départ des littératures modernes : c'est que s'il convient à quelqu'un dans une œuvre d'imagination d'exprimer l'équivalent du veau à deux têtes ou de la femme à barbe, toute liberté d'exhibition doit lui être laissée. La critique opère son scalpage, et elle l'accomplit avec d'autant plus de sévérité que l'auteur a été maître de réaliser ce qu'il voulait. « La moralité d'un livre a dit un des maîtres impeccables de l'esthétique, n'est pas dans la nature des événements dont il se compose. Elle est dans la vérité et dans la beauté. » Et si les odeurs de *l'Assommoir*, si le *Ventre de Paris* ont pu sembler parfois irrespirables, comment nier que la forme soit aussi saisissante de vie par tous ses aspects, qu'un amas de vers grouillants dans un morceau de viande gâtée? S'il est des estomacs qui peuvent absorber ces aliments travaillés de putréfaction, pourquoi les empêcher de s'en nourrir? L'art doit tout tenter, tout oser. S'il lui plaît d'aller jusqu'à l'extrême limite du dégoût; s'il a le don d'exciter les nausées, c'est au lecteur d'éviter de frôler la muraille sur laquelle on n'aura pas placé l'inscription : *défense de déposer des ordures le long de ce mur*; c'est à l'odorat de nous garder dans le détour à faire, dans le chemin à prendre. Une des plus grandes erreurs est de prétendre que la secte des impressionnalistes a l'ordure en prédilection. Elle ne l'exclut pas lorsqu'elle la rencontre; elle ne se promène pas dans les quartiers neufs, mais elle ne cherche point comme parti pris le nauséabond, et ne s'englue pas exprès dans toutes les boues. Ce qui fait une conception, ce n'est ni la localité d'une peinture, ni le morceau isolé, c'est l'ensemble, c'est l'abject à côté du beau relatif. Voilà pourquoi les intransigeants nouveaux qui ont entrepris de regarder toutes les hideurs, toutes les plaies, à côté de ceux qui ne rêvent qu'aux épanouissements et aux aurores blondes de l'humanité ; voilà disons nous pourquoi, les intransigeants lancent aussi bien leur projectile dans l'arène littéraire qui se compose des uns et des autres, impressionnalistes, puristes, sous l'unique condition d'être sincère. Regardez les paysages hollandais : il en est auxquels on devrait mettre trois signatures. Celui qui a touché ce ciel, ce buisson, ne s'est point occupé de peindre les petites vaches rousses qui mordillent l'herbe du pré ; la main qui a frisé cette longue plume sur un chapeau de feutre rompu, coiffant quelque digne personnage, est étrangère aux autres parties de la composition. Cependant la scène n'en est pas moins merveilleuse, trempée de lumière et d'esprit dans tous les coins.

Le même fait se présente ailleurs, et l'intransigeant, le paroxyste qui éprouve le besoin de protester contre l'annihilation complète des Ingristes et des Ponsards bourgeois bornant à eux seuls l'horizon romanesque, celui-là possède sa résonnance voulue et nécessaire, qui s'impose à l'oreille, comme sa note s'impose à l'œil. Les tomber, comme on dit en style professionnel, est aussi absurde qu'illusoire. Balzacs de barrière, le nez plongé dans toutes les fétidités, leur mission est aussi importante que celle de l'auteur de la *comédie humaine*.

La *Fille Elisa*, qu'il a été question de poursuivre, en ce qu'elle éraillait certains amours-propres auxquels il n'est pas bon de toucher, si l'on veut dormir tranquille, la *Fille Elisa* entendit longtemps réitérer sur elle la fameuse sentence de mort qui, au commencement de l'ouvrage, est « sortie de la bouche édentée du président comme d'un trou noir. » Mieux eût valu être atteint et convaincu de vol, que d'être surpris sympathisant au sentiment profondément philanthropique qui avait dicté le livre à un homme de cœur. On passait bien à regret à M. Zola les tripailleries enchassées dans une langue d'une autorité d'image coulée dans le moule le plus énergique qui soit au monde ; mais les révélations de tortures d'une maison centrale, mais la honte infligée aux équarrisseurs de bêtes humaines, cela ne se pouvait. L'auteur eut certes, pendant un moment, la crainte d'aller occuper le banc où nous avons eu l'avantage d'entendre accumuler deux fois sur notre personne une heure et demie d'injures. Comme revanche on poursuivit le *Tintamarre*, et, disons-le une fois pour toutes, nous plaindrons toujours, de quelque parti qu'il relève, l'homme condamné à voir amasser sur sa tête en quelques heures, plus de fange qu'il n'aurait pu en accumuler dans ses écrits. L'écrivain est traité avec une violence de haine que le forçat ne connaît pas ; car les instrumentistes criminels ne sauraient avoir de haine contre le forçat dont ils se débarrassent, tandis qu'ils sont obligés de rendre l'écrivain à la société. Ils le suivent, par la pensée, sortant de l'audience, rentrant chez lui, s'épongeant le front, retrouvant un petit — très-petit cercle de fidèles, — qui le réconcilient avec le travail, et voilà ce qui les remplit d'une sourde rage. Ils ne pardonneront jamais à un homme de lettres de ne pas se suicider en sortant du palais.

L'intransigeant ou l'impressionnaliste doivent se considérer d'avance comme des gibiers judiciaires. Tôt ou tard, deux ou trois membres de l'école, peut-être même toute l'école, y passeront. Ce ne sont pourtant que des questions purement littéraires; mais qu'importe, il faudra bien qu'ils y passent, qu'ils soient attachés à tous les poteaux d'infamie : la vérité dans l'esthétique déplaît autant qu'en politique.

Il y a donc un double mérite aux intransigeants à continuer leur œuvre, car il y va de leur tranquillité, de leur fortune, de leur existence. On poursuivrait jusqu'aux arrière-neveux d'un intransigeant. Si quelqu'un se dispose dans un roman que je ne saurais prévoir, à faire la moindre allusion à ce que j'appellerai « la partie sensorielle de l'humanité », c'est grave, très-grave, tout ce qu'il y a de plus grave. L'Evangile l'a condamné, les multitudes l'ont lapidé d'avance; l'arbre en zinc du boulevard se dépouillera tout exprès de ses feuilles pour ne point l'abriter; les fontaines publiques distilleront du poison à son usage; légitimistes, orléanistes, jésuites, libres penseurs, fonctionnaires départementaux, nécromanciens, employés des pompes funèbres, banquiers, mères de famille au corset craquant sous l'obésité, industriels, philantropes, membres des comices agricoles, sportmens, spéculateurs, hommes politiques et privés, se souvenant qu'ils sont abrités par le gouvernement, sentiront leur colère tourner à l'apoplexie. Il y aura toujours bien dans le code, à l'usage de l'incriminé, quelques traits concernant l'empalement, et ces mêmes cuistres, qui se figurent entendre quelque chose au métier, parce qu'ils ont donné à dîner à un homme de lettres, savoureront, à un repas bien pensant, avec l'expression intelligente d'une carpe, l'écho du journal annonçant la condamnation du susdit personnage. Les mieux disposés réclameront pour lui le choix entre l'exil et le droit de s'ouvrir le ventre. « Il faut véritablement, disait quelqu'un qui ne peut plus être cité au parquet parce qu'il est mort, que la France soit douée d'un bien joli tempérament pour continuer comme elle le fait, à enfanter chaque jour, malgré les gens en place, de nouveaux artistes. On se targue beaucoup en France d'encourager les arts et les beaux-arts.... C'est la plus abominable hâblerie qui ait jamais été débitée sous le ciel. »

Tout ce qui ne répond pas au convenu, tout ce qui se meut en dehors, est donc plus que jamais destiné à faire acte d'offuscation ; tout ce qui étend la couleur par la métaphore sera consacré comme illusoire. Aujourd'hui, l'épithète qu'on clouait dans la phrase comme l'aile d'un papillon contre un mur, est regardée avec horreur et, de plus, condamnée par la loi.

Mais qu'ai-je nommé, grand Dieu ! si je t'oublie jamais ô épithète trop adjectiviale, toi et le rôle que tu peux jouer dans un casier judiciaire, puisse ma langue se coller à mon palais, mes doigts se dessécher, mes genoux être meurtris, mes cheveux et mes ongles pousser comme ceux de Nabuchodonosor — pour les archéologues Nabouchoudouroussour — puissé-je, si je commets la faute de t'accrocher encore au bout d'une phrase, ô syllabe maudite, être condamné à parcourir comme une âme en peine, les toits d'ardoise sous lesquels reposent tes persécuteurs, ou les épouvanter de mes hurlements, ainsi qu'une bête nocturne.

Donc ce qu'on devrait appeler le « gueuloir » moderne des impressionnalistes littéraires, représente la situation, en 1830. C'est un effort vers l'affranchissement perpétuel de la langue, en dépit des grammairiens de Thémis, de la critique littéraire qui devrait être un atelier où chacun vînt réaliser sa toile pour les concours, et non une tribune pédagogique.

Mais l'infection présente des gouvernements, s'attache à tout ce qui n'est pas l'industrialisme du livre. Vous choquez, on vous dévore. C'est pourquoi nous faisons un retour vers l'âge d'or du rythme, où les censeurs aussi âpres et moins puissants ne parvenaient plus à empêcher ce grand régal du beau plastique, dont la magistrature maintenue dans son prétoire, ne pouvait, malgré ses efforts, entraver l'évolution. Nous l'étudierons dans les derniers feuilletons de Janin, de Gautier, de Ste Beuve, qu'on ne pourra point dénoncer, où nous retrouverons Gautier aux prises contre Paul Delaroche, Delavigne et Ponsard. Tous ne s'attaquent-ils pas aux mêmes antagonistes que nous, à ceux qui font métier de flatter les passions puériles d'un public qui persiste à se croire né malin ?

Et quelle jouissance pour ceux qui sont condamnés à se taire, de voir la horde romantique s'en prendre aux mêmes plaies qui nous dévorent tout vifs, en 1878, cribler la soi-disant école « dite du bon sens. » Quel plaisir de contempler dans une béatitude parfaite, nos oppresseurs littéraires, fouaillés par eux comme des manants, sans qu'ils puissent s'en prendre à nous. Nous nous estimons alors bien vengé de ce pionicat, de ces gardes-chiourmes sous lesquels nous rampons. « Oh ! les bonnes fanfaronnades !

disait quelqu'un qui n'était pas du clan de 1830, mais qui les connaissait, et comme souvent ils ont dû rire entre eux, les bons apôtres !... heureux temps ! heureuses gens ! Ceux-là, certes, ont eu leur jeunesse, ils ont appris l'art dans la liberté et dans la joie ; en un mot ils ont fait tout ce qu'ils ont voulu gaiement ; c'est encore le meilleur moyen d'arriver à faire quelque chose de bon. Aussi s'en sont-ils donné de tout leur cœur, ils ont couru de toutes leurs jambes, crié de tous leurs poumons, et c'est pourquoi ils sont restés bons marcheurs et bons parleurs. Et, généralement, c'est parce que le siècle a fait *Champavert* et *Feu et Flamme*, qu'il a produit dans sa vigueur les œuvres saines et robustes qui l'honorent. Le mouvement était donné, tout le monde marchait. »

EUGÈNE DELACROIX

E ce rayonnant tableau, détachons d'abord la figure de ce foudre de couleur qui s'appelle Eugène Delacroix.

C'est à travers le saisissement, l'effroi, l'emportement, le surhumain de l'expression qu'il se révèle. Son génie est une explosion de lumière et d'effet, qui s'impose encore plus par la véhémence, la passion que par la couleur. La physionomie, hautement mélancolisée sous la brosse de Géricault, reflète le fier et immense essor de l'esprit. Un de ceux qui l'ont bien connu à l'époque de ce portrait, en 1822, dit que la nature altière de Delacroix plane audessus de la haine ou de la critique « comme cette fulgurante figure d'Apollon qu'il a jetée aux voûtes du Louvre, oublie, dans la splendeur des cieux, les chimères qu'il vient de terrasser. »

Le portrait que nous avons sous les yeux est une des dernières œuvres de Géricault, il date par conséquent de l'époque où Delacroix venait de faire *Dante et Virgile.* L'auteur du *Radeau de la Méduse* ne supposait guère, sans doute, que cette toile dépasserait l'atelier; car il n'a pas jugé à propos de revenir par des retouches ou des glacis, comme lorsqu'il s'agit de terminer une œuvre pour les expositions; il s'est contenté d'exprimer dans un *faire* large et vivant, la virilité de conception, la puissance créatrice de ce jeune homme dont on aurait pu dire comme d'Hugo :

Lui dont la main fermée est pleine de tonnerres.

Le sourcil est arqué, peu prolongé; l'œil gris bien fendu; les cheveux ont des reflets fauves; la barbe a des tons roussâtres sur une lèvre bien ondulée; la bouche, par la vigueur et l'énergie du dessin, accuse la pression autoritaire de l'esprit, qui saura mettre en ses paroles l'empreinte d'une superbe rébellion contre les coteries systématiques. C'est bien cette bouche qui devait clouer, par sa fière réponse, l'objection de M. de la Rochefoucauld, intendant des Beaux-Arts, tentant de ramener le peintre dans les voies classiques : « Qui prouve que ce n'est pas moi qui vois juste ? — Tout le monde ! — Eh bien ! tout le monde voit faux. »

La figure de Delacroix est osseuse, comme celle d'un homme que la pensée absorbe, le menton fortement prononcé par un large méplat. Pour costume, un paletot marron ; au cou, une cravate noire, nouée à la marinière, laissant à peine distinguer un soupçon de chemise.

Telle est cette physionomie de peintre ou de poëte, réapparaissant avec sa suprême élégance sur cette toile inédite. Aujourd'hui, le fond bitumeux en est un peu poussé au noir ; mais on y peut suivre les contours éclairés de la chevelure qui, chez les hommes d'inspiration, semble soulevée par une sorte de flamme intérieure qui circulerait entre les réseaux du front. Le peintre du *Massacre de Scio*, de *l'Entrée des Croisés à Constantinople*, du *Saint-Sébastien*, ne cherche qu'à prouver cette théorie, que la ligne n'existe pas, que le rayonnement lumineux donne seul le contour, la vie, la forme, le mouvement, l'âme en un mot. De même que Victor Hugo tranche le nœud gordien des trois unités, ce grand oseur, ce demi-dieu, fait une trouée dans les nuées classiques et les enfièvre de sa sauvagerie, de sa rudesse ardente. Inquiet, bouillant, opiniâtre, il pousse la couleur jusqu'au paroxysme; Gœthiste et Shakespearien, créant, ainsi que Rembrandt, « comme par une sorte de vision intérieure qu'ils ont le don de rendre sensible avec les moyens qu'ils possèdent, et non par l'étude immédiate du sujet, » cachant sous une froideur apparente « une âme battue par les passions du génie, » selon le mot d'Arsène Houssaye qui a suspendu dans les galeries modernes un portrait de Delacroix plus vivant que tout autre. « Ingres est parti du bas-relief antique, » écrit l'historien de Léonard de Vinci, « Delacroix est parti de la passion moderne. C'est l'homme des temps nouveaux. S'il a vécu dans l'antiquité par des existences antérieures, il ne veut pas que son souvenir s'y attarde trop longtemps. Quand il est obligé d'être mythologique, il l'est avec tant de liberté qu'il transfigure l'Olympe dans l'esprit moderne. Les dieux de la fable deviennent nos dieux; ils symbolisent nos rêves, nos idées, nos sentiments. Il fait des déesses les Muses nouvelles. Pour lui, Minerve est la sagesse, mais c'est aussi la pensée. Sa Vénus n'est pas copiée d'après les statues antiques; c'est la volupté inquiète qui a traversé les vagues furieuses. Ainsi des autres. Les grandes personnalités réforment le monde à l'image de leur âme. » Et plus loin, l'écrivain ajoute ce trait magistral: «On peut dire que pour lui l'ordre, c'est le désordre, parce que le désordre c'est la vie. Il ne mesure pas les ténèbres avec un compas, mais avec une torche enflammée. »

De semblables individualités ont derrière elles Homère, Dante, Milton. L'expression dans son caractère héroïque, c'est là pour le peintre d'*Hamlet* le but que vient heurter sans cesse son poing de titan: force imprévue et rayonnante par la simplicité du jeu qui n'éparpille pas les effets, mais les concentre en une rapidité d'action soudaine et foudroyante, comme si la formule la plus directe du beau venait de jaillir à l'improviste sur la toile ainsi qu'un coup de tonnerre. On se demande après cela quelle grammaire est faite pour imposer ses lois aux adeptes de la philosophie ou de l'art; quel dogme absolu peut enfanter l'esthétique; quels effarements de coloris miroitent encore pour nous dans l'inconnu? La figure de Delacroix évoque l'image de je ne sais quel nerveux athlète qui conduirait le char de l'idéal, dont les chevaux fantastiques se cabreraient avec des bonds prodigieux de la terre au ciel, comme sous la morsure d'un aiguillon invisible.

VICTOR HUGO

COMME pendant à Delacroix, qui peut mieux venir que Victor Hugo : la couleur en poésie ? Cette tête césarienne porte le caractère de l'autorité qui, armée du vers « dru et spacieux », a sapé le trône de la vieille poésie classique. Le signe de la souveraineté absolue l'a marqué. Ces cheveux chatain-clair, souvent labourés par les doigts, retombent, irréguliers, de chaque côté des tempes dessinées presque durement. Les joues sont pétries d'un modelé serré, sur lequel la flamme du regard semble prête à épancher l'ardent rayonnement de deux prunelles magnétiques et brillantes. La projection de ces prunelles rappelle le regard des religieux du moyen âge, entrevu dans les trous de la bure monacale percée seulement à l'endroit des yeux. Le nez est d'une ligne tranquille, aux narines dilatées, aspirant avec dédain les grandements du « perriquinisme » aux abois. La bouche, le menton dépourvu de barbe, indiquent la décision par un trait précis. Pour costume, une redingote noire, et le fameux col de chemise rabattu sur la cravatte, que les disciples déploraient comme une concession à Joseph Prudhomme.

Haine et enthousiasme de la foule, sifflements orageux, éclairs et foudre faisant irruption dans le nuage de bêtise aveuglante des bourgeois : voilà ce qui constitue l'avénement du romantisme dans la personne de Victor Hugo. C'est au milieu des éléments classiques déchaînés, qu'il apparaît comme un dieu dans une majesté olympienne. Au son du cor d'Hernani, au mot d'ordre de la devise espagnole : *Hierro* — fer — tous se sont ralliés à lui et l'ont proclamé roi. Ce membre de la république de Platno est un chef de dynastie. Il porte les colonnes d'Hercule du romantisme sur ses épaules; il en est le Michel-Ange. Comme Buonarotti, il a l'exécution tourmentée, raboteuse. Dans son vers ou sa prose, on sent les muscles dessiner leur ossature puissante. C'est lui qui, dans l'ordre philosophique, s'est aventuré le plus témérairement sur ce cap de l'esprit qui s'avance dans l'illimité. Il navigue plus loin que les autres sur cette mer du possible; mais souvent la pensée, d'une puissance de contexture étrange, reculera indéfiniment les frontières de la langue ou du verbe humain, dont la configuration est trop étroite pour la contenir. L'idée est alors contrainte de se briser, pleine d'éclairs, contre les mots, et souvent nous ne percevons que la silhouette gigantesque de sa forme fuyante et vague. Différent en cela de Balzac, désespérant toute sa vie de franchir l'abîme qui sépare la pensée de l'expression, il dit hautement : « Je ne sais pas l'art de souder une beauté à la place d'un défaut, et je me corrige dans un autre ouvrage. » L'alexandrin dramatique, comme le désigne Gautier, prend chez lui une ampleur de registre, une force intensive saisissante, et roule avec sa fougue altière, ses allures léonines, sur les lèvres de Mlle Mars ou de Mme Dorval. Espagnol pour le coloris, ivre de cette lumière qu'il fait jaillir par les accidents de la coupe, la violence des pensées rebelles à toute pression se trahit sous les mâles brisures de son vers : grandes tirades pleines de ressentiments, montées de ton, sculptées comme une frise, où la pensée revêtue d'une forme vraiment souveraine bondit, éclate, riche, colorée, verveuse. En scindant le mètre, comme dans le *Pas d'armes du roi Jean*, la *Chasse du Burgrave*, on dirait que la rime se dresse, fragmentant les images et la couleur, ainsi que dans les panneaux d'une verrière gothique.

Grand, parce qu'il a souffert, il a le cri terrassant de la douleur, le cri de l'angoisse moderne. Qu'un type riche, pauvre ou abject se présente, il lui donnera la profondeur et l'étendue. Que l'homme s'appelle chez lui Charles-Quint ou Didier, il le rend avec son geste éternellement vrai, invariablement sublime. Et c'est en cela qu'il égale Homère, en gardant le rire rabelaisien. La prose hugotique de *Notre-Dame* est une iliade entrevue dans le clair-obscur du moyen âge.

Ce qui apparaît en lui dès qu'on l'aborde, c'est le principe de l'exagération de l'œuvre. Dans cette concentration de l'idée et cette solidité du moule, « la forme, arrachée à la création sous sa plus nerveuse enveloppe, » palpite avec une inflexibilité de dessin superbe. Victor Hugo reste obsédé de la conception épique ou surnaturelle, quelle que soit la figure qu'il interprète. Mais, ainsi que dans les taureaux ailés et les kéroubs de l'art assyrien, on retrouve toujours, à travers son rêve de l'énorme et du colossal, « les traits de feu de la face humaine. »

ALEXANDRE DUMAS

E frère d'armes de Victor Hugo pendant toute une période fut Alexandre Dumas.

A-t-il revêtu le fameux habit vert déchiré sur son dos à la première d'*Antony*, par des admirateurs effrénés qui s'en disputaient les morceaux comme des reliques? Sous cet habit, mille et une organisations de romancier se sont dressées tumultueuses.

Lorsqu'on regarde ce front fièrement jeté en arrière, portant ceint le mot *universalité*, au-dessus duquel bouillonne une chevelure crépue, énorme bouquet d'un noir mat, tranchant sur l'ardente coloration carnéenne; cette coupe oblongue du crâne et ces angles immenses des tempes où la mémoire creuse les avenues babyloniennes de l'histoire; lorsqu'on regarde ces paupières battues par la pensée, ces larges lèvres empourprées par le sang créole, surmontées alors de quelques poils de barbe rude; un menton grassement rattaché à de robustes mâchoires; ce col de taureau, ces mains épaisses et courtes, cette taille prédisposée à un embonpoint précoce, on croirait voir le Mirabeau du drame et du roman. Les sourcils font un léger écart et s'abaissent à la pointe sur l'œil au globe saillant, où se baigne la prunelle noire et chaude, faite pour dompter avec le vol du regard. Le nez, très-ouvert aux narines, se relie solidement aux muscles charnus des joues vastes et rebondies.

C'est bien l'ample et puissant caractère de l'improvisateur, dont la plume devance les heures par sa vitesse, chez lequel l'invention bondit sans jamais vider ses tiroirs, créant ainsi « le train express de la littérature » et des « hommes d'esprit à toute vapeur. » C'est en courant à toutes jambes qu'il attrape le trait, la répartie saillante, l'esquisse libre, où, si la vérité historique est parfois suspecte, l'accent humain est toujours vrai.

Comme Voltaire, auquel l'épilogage moderne reprochait d'avoir fait d'Orosmane un petit maître de Versailles, il répondra que l'habit n'est rien ; que le grand art est celui qui, se souciant peu du temps, s'en va chercher sous la friperie du costume « ce coquin de moi-même » et, lorsqu'on l'a rencontré, chez le prince ou le roturier, vous tient en haleine pendant dix ou douze volumes; car l'on y reconnaît quelque chose de soi pétri dans l'argile des autres.

Dans son œuvre, on ne retrouve plus cette peinture à modelé précis, où la pâte est cernée par le contour avec une vigueur d'étreinte d'un dessin infrangible que Balzac seul a possédé. Mais c'est la prestance ondoyante de la phrase caressée par l'esprit, qui enveloppe les physionomies sans les serrer de trop près. L'encre de sa plume infuse sa vie personnelle aux personnages du passé ; il ne médite pas leurs contours, il souffle sur eux tout d'un coup en leur criant : Levez-vous et marchez. Il les jette, nouveaux argonautes, dans un dédale d'évènements, d'intrigues, s'inquiétant peu de les faire ou non mentir à la tradition, pourvu qu'ils décrochent la fameuse toison d'or du succès. En retournant le mot édicté sur Balzac, on aurait pu dire que, quoique son œuvre conserve le souffle encore moderne, « les ombres du passé auraient obéi à son appel ; car il pourrait comme Gœthe, évoquer du fond de l'antiquité la belle Hélène, et lui faire habiter le manoir gothique de Faust. » Il se démène avec un entrain de diable au corps dans ce monde de jeunes gens à moustaches en croc et à royale, à pourpoints tailladés et à feutres ornés de plumes ; féroces, héroïques, martyrs et vengeurs, rusés, amoureux, fanatiques, ambitieux, rêvant la conquête du monde, fous comme la passion, se grisant sans faire rire, avec de grands sentiments, et d'une popularité qui leur donne aujourd'hui les proportions et la réalité de l'histoire. C'est qu'aussi, c'est dans l'œuvre de Dumas que le peuple l'apprend, l'histoire ! Qu'on aille lui dire que tel ou tel personnage n'a point existé, que tel autre n'a point vendu sa conscience, il se contentera de rire ; car ce public-là le reçoit toujours comme à la première d'*Antony*, en 1831. *Adèle d'Hervey* et *Antony*, deux noms qui évoquaient une salle en délire. «L'amour moderne, » rappelait à ce sujet un critique qui en a été aussi spectateur, se trouvait admirablement figuré par ce groupe auquel Mme Dorval et Bocage donnaient une intensité de vie extraordinaire. » Comme tout y est éperdu, fatal ! comme on y respire l'illimité de l'amour ! comme la femme y apparaît brisée avec des accablements naturels, et succombe sous l'empire de la mystérieuse inspiration infernale qui mord les plus rebelles ! Avant Dumas, l'intrigue d'un roman ou d'une pièce, divague dans le creux abstrait de certaines sphères très-idéales, où les héroïnes se gardent bien de froisser leur blanche robe par des étreintes trop vives ; où les amants se parlent en gens quintessenciés d'élegance ; où les maîtresses ne trouvent rien de mieux à faire que d'improviser de longues tirades bien académiques, en face d'un Oswald ganté et toujours correct. Soudain « ce faiseur de drame en trois journées » fait irruption. Pendant qu'avec Hugo la vieille tragédie s'enfuit essoufflée, en mordillant les derniers anneaux de sa queue classique, ce démon s'élance à son tour, Arioste du XIXe siècle, haletant, dévorant l'espace, emporté par cette cavale écumante : le génie, qui fait que chacune de ses œuvres renferme un monde ; lui dont le *moi* fut immense, sans qu'il ait cru devoir s'en défendre, et qu'une parole sortie de sa bouche à propos du poëte de la cour d'Élisabeth, peindrait tout entier : « Shakespeare ! » a-t-il dit quelque part : « l'homme qui a le plus créé après Dieu. »

THÉOPHILE GAUTIER

THÉOPHILE Gautier a été un maître parmi les disciples de Hugo.

Théophile Gautier, ou plutôt Théo, comme l'appellent ses amis, porte un front haut, large, vrai morceau de marbre surmontant l'élégant édifice de la stature. L'épaisse chevelure, aux boucles légèrement fuselées, en projetant une demi-teinte sur les tempes, fait encore ressortir la douceur de son éclat marmoréen. La bouche d'un dessin ferme, volontaire, est voilée par les velours sombres de la barbe qui s'accusera un jour au menton en une masse onduleuse et carrée. Un trait énergique, arrêté, borde la paupière; au-dessus, le noble étage des sourcils relève d'une sorte d'âpreté d'accent toute cette pâleur dominatrice. Le nez est terminé par deux ailes dont le renflement met une pointe de dédain élevé, caractéristique, dans l'expression. A travers ce masque, on remarque quelque chose d'intrépide qui retourne sans dire gare les lieux communs des jugements reçus, un effréné joûteur qui percera d'outre en outre la grasse imbécillité, un appétit qui mangerait du « chiffreur », une insolence sincère pour la sottise, un inventeur qui frôle le génie, comme l'a déclaré Janin.

L'esprit ou la critique se traduisent chez lui sous l'évolution d'une sorte d'ironie divine, si l'on peut exprimer ainsi la façon dont il sait acérer la vérité, et la faire jaillir en traits d'une irrévérence malicieuse. Au contraire de cet écrivain qui s'est appelé Saint-Marc-Girardin, et qui avouait emphatiquement: « Les sentiers battus, je les adore, » il a une crainte invincible d'embourgeoiser l'idée, de l'emprisonner dans une robe qui ait servi seulement une fois aux fripiers littéraires. Ses images ont souvent, aux yeux du lecteur, « l'attrait provocant des gracieuses succubes, » on ne peut les coudoyer sans se sentir monter au cerveau des bouffées d'une ivresse capiteuse. Chaque pensée reste une figure douée de vie, de mouvement, d'action, qui se meut à travers le style revêtue d'un air de beauté souveraine. On dirait un personnage semblable à une statue antique, que l'on verrait tout à coup, selon l'expression employée à propos d'un grand peintre, « descendre de son piédestal, et parcourir le monde avec grâce. »

Ce poëte est un métrique qui a battu le vers et soudé la rime, à l'aide du marteau du travailleur opiniâtre. Il l'assouplit, et broie au besoin les termes les plus insolites; il façonne *a passionnato* la forme agressive, et de ces éléments en apparence irréductibles au verbe, on voit sortir le bloc de métal dans lequel il réveillera « quelque Vénus dormant encore. » et où l'on retrouvera les traces vives de la râpe et du ciseau.

Ce lion du romantisme qui a tressailli comme un cheval de bataille à l'écho du cor d'Hernani, a gardé au fond du cœur le culte des olympiens. Il est païen pour le contour, mais il sait relever aussi la pâleur des marbres par des tons d'une puissance et d'un éclat plus modernes. C'est à lui que cette parole de Joubert convient surtout : « Les mots s'illuminent quand les doigts du poëte y font passer leur phosphore. »

Gautier avait-il conscience qu'il n'appartenait guère à ce siècle où il vivait? Égaré un instant au camp des Philistins du XIXe, se sentait-il solidaire d'une autre époque dont la figure avait déjà pris possession de l'histoire, il y a deux mille ans? l'on est bien tenté de le croire, et ce n'est certes point à son insu que sa conscience d'écrivain le ramène vers la Grèce. Il semble que c'est une âme qui n'a pas été trempée assez fortement dans les eaux du Léthé avant de s'incarner, et qui a gardé impérissable le souvenir de la première patrie. Ceux-là qui ont comme lui la date du Ve siècle avant Jésus-Christ à inscrire sur leur registre de naissance, en vain on les emboîte dans l'étroitesse du vêtement parisien : sur leurs épaules a flotté la chlamyde; l'asphalte leur brûle les pieds; on dirait qu'ils marchaient à l'ombre du portique. L'entretien qu'ils ont commencé chez d'autres que leurs contemporains, ils le poursuivent dans le silence intérieur. C'est la pensée qui converse avec la pensée à travers les distances. Jamais, croyez-le, ils ne s'acclimateront au milieu de nous. Ce qu'on prend ici pour du dédain, n'est que l'expression de cette nostalgie mystérieuse de la contrée d'où le sort les exila. Seuls de tous ceux de leur génération, lorsqu'ils passent en face d'une des ruines architecturales de ce pays dont ils ont le reflet dans l'esprit, lorsqu'on évoque devant eux les scènes qui s'y sont déroulées, ils répondraient volontiers : J'étais là.

MADAME DORVAL

ET maintenant que nous avons peint Hugo et Dumas, voici la vraie femme de leur théâtre : Marie Dorval.

« Lorsque de cette bouche aimée s'envolent les pensées secrètes de votre cœur avec les vers du maître admiré que vous récitez en même temps qu'elle, il vous semble que c'est pour vous seul qu'elle parle ainsi, pour vous seul qu'elle trouve ces accents qui remuent toute une salle, pour vous seul qu'elle a mis cette rose dans ses cheveux, ce velours noir à son bras ; réalisant le rêve des poëtes, elle devient pour la critique une espèce de maîtresse idéale, la seule peut-être qu'il puisse aimer. »

Ainsi la critique, dans un des feuilletons de *la Presse* de 1849, dessinait la vivante esquisse de Marie Dorval; esquisse où toutes les impressions que faisait naître sa présence à la scène reviennent en foule. L'ovale du visage amaigri se modelait dans la demi-teinte frappée sur les joues par deux bandeaux plats et lisses qui descendaient très-bas. Les lèvres s'abaissaient facilement aux coins, sous le pli de la souffrance, lorsqu'il s'agissait d'exprimer Marie-Jeanne, la pauvre femme du peuple, meurtrie et vaincue. Le dessin allongé des paupières accentuait encore le jeu de remuante tristesse qu'elle rendait chaque fois d'une façon plus inédite, comme si l'on n'avait point interprété la résignation avant elle. Dans cette poitrine grondaient les sanglots de l'amour fort et vrai, quand, remplissant le rôle de Marion, Dorval se traînait aux genoux de Didier, à la fameuse scène du pardon. « Ce n'était pas une figure, c'était une physionomie, une âme, » écrivait d'elle Georges Sand, qui, à ce qu'il paraît, a vécu si longtemps en son intimité, « elle était mince, et sa taille, un souple roseau, qui semblait toujours balancé par quelque souffle mystérieux sensible pour lui seul. » Jules Sandeau la compara à la plume qui ornait son chapeau, d'une aile si brisée, si flexible, qu'on l'aurait crue introuvable. «Je suis sûr, disait-il, qu'on chercherait vainement dans l'univers une plume aussi légère et aussi molle que celle qu'elle a trouvée; cette plume unique et merveilleuse a volé vers elle par la loi des affinités. » Parmi les poses plastiques, certaines attitudes inclinées révélant l'accablement, seront pour elle l'objet de longues méditations. La ligne souple et si romantique de la Magdeleine de Canova était aussi la source de ses études profondes.

Lorsque ce n'est pas la pose qui la préoccupe, c'est l'énigme historique de l'amante, de cette galiléenne qui emporte son amour au désert afin de ne point le profaner parmi les hommes. «Je passe des heures à regarder cette femme qui pleure, si c'est du repentir d'avoir vécu ou du regret de ne plus vivre... A présent, je l'interroge comme une idée. Tantôt elle m'impatiente et je voudrais la pousser pour la forcer de se relever, tantôt elle m'épouvante et j'ai peur d'être brisée aussi sans retour. Cette Magdeleine! elle l'a vu, elle l'a touché son beau rêve! elle a pleuré à ses pieds, elle les a essuyés de ses cheveux ! Où peut-on rencontrer encore une fois le divin Jésus? si quelqu'un le sait, qu'il me le dise, j'y courrai... Croit-on que si je l'avais connu, j'aurais été une pécheresse ? Est-ce que ce sont les sens qui entraînent? Non, c'est la soif de toute autre chose ; c'est la rage de trouver l'amour vrai qui appelle et fuit toujours. Que l'on nous envoie des saints et nous serons bien vite des saintes. Qu'on me donne un souvenir comme celui que cette pleureuse emporta au désert, je vivrai au désert comme elle, je pleurerai mon bien-aimé et je ne m'ennuierai pas.»

C'est dans ce langage de feu que se révèle Marie Dorval, «âme troublée et toujours ardente,» dont les effusions mystiques cachaient l'étoffe d'une sainte, trouvant dans son cœur, et son organisation si fortement individuelle, si originale, de quoi sortir du fictif et du convenu. Elle enfante des personnalités d'un sentiment tout moderne où l'âme a le véritable don créateur : *Adèle, Marguerite, Jeanne Vaubernier, Marion Delorme*. Imagination active qui se torture parfois elle-même et dévore la distance pour aller au devant des évènements qui peuvent l'atteindre, plaçant toute chose au niveau de la passion: le sacrifice, l'amitié, le travail et la souffrance, le plaisir et le désespoir, ne sachant rien dompter, nature faite pour être vingt fois abattue et se relever au lendemain d'une crise poignante encore plus verte et plus altière. Il y a en elle l'étoffe de dix existences; elle met partout la griffe de son esprit inquiet et insatiable; quand le geste souligne encore sa parole, elle trouve des accents de maternité, des cris d'une sauvagerie éloquente et jeune, d'une sincérité à faire crever l'enveloppe humaine sous la force de l'explosion; elle garde jusque dans les expansions impétueuses de sa gaieté quelque chose de fatal. «On n'aurait jamais pu, dit George Sand, lui faire le rôle où elle se fût manifestée et révélée tout entière avec sa verve sans fiel, sa tendresse immense, ses colères enfantines, son audace splendide, sa poésie sans art et ses rires naïfs et sympathiques, soulagement momentané qu'elle semblait vouloir donner à l'émotion de son auditeur accablé.»

FRÉDÉRICK LEMAITRE

N ne peut évoquer la mémoire de Mme Dorval sans parler de Frédérick Lemaître.

Le dressement fougueux de sa chevelure, hautain, furieux, couronne son front comme une flamme. La volonté a marqué cette physionomie du sceau de la fierté, de l'ironie, de la souffrance, de l'amour et de la haine, de l'astuce et du dédain. Le nez un peu proéminent, se relève à l'extrémité. La bouche abaissée aux coins, railleusement sceptique, est prête à lancer l'apostrophe violente, implacable, qui faisait reculer Lucrèce Borgia, lorsqu'à l'apparition des six cercueils, Frédérick lui jetait d'une voix creuse: «Il en manque un septième, madame.»

Les tourmentes dramatiques ont grondé dans ce front ample, étincelant, sans en affaiblir les lignes si richement remuées de mille créations. Sous les sourcils cintrés, l'œil se contracte ou se dilate par l'effet de la fureur ou de la moquerie, et brûle plein de lueurs d'irisations étranges, entre des paupières largement ouvertes et comme taillées en plein marbre. Tête se modelant à volonté, facétieuse et lugubre, et dont l'argile apparaît tantôt travaillée par les tortures de l'âme, ou reprenant les traits grandis et reposés qui la feront ressembler à un bronze romain.

« Vous vous le rappelez, n'est-ce pas, écrivait Dumas, ce jeune homme élégant, au visage pâle, au cœur de fer, cet Edgard de Ravenswood, si brave, si loyal, si infortuné? Vous vous le rappelez, lorsque tournant lentement la tête, il acceptait par-dessus son épaule dédaigneuse, le défi de son rival, lorsqu'il arrachait convulsivement de sa poitrine cette chaîne que sa maîtresse lui avait donnée dans un moment d'amour, et qu'il lui rendait dans une heure de colère? Oh! qu'il avait de fatalité sur son front, cet homme, et qu'il était bien né pour être malheureux, et pour mourir de mort violente! Vous vous le rappelez, car c'était une de ces figures puissantes, larges et vivaces, qui se mettent en rapport avec toutes nos sympathies, qui entrent violemment dans notre mémoire, et qu'on revoit toute sa vie avec les yeux de l'imagination, lorsqu'on les a vues une fois seulement avec les yeux du corps. »

Veut-on un contraste saisissant à cette physionomie ? Regardez Frédérick entrant comiquement dans la peau du fameux Raymond de l'*Auberge des Adrets*. Quelle écrasante facétie! Quel interminable éclat de rire pendant deux cents représentations, qui enfonce du même coup la caverne et les voleurs du drame « à forçats sérieux ! » Le voici, avec son pantalon jaune collant, sa cravate rouge désourlée, son castor, ses coudes percés, et sa fameuse tabatière longue à charnières grinçantes, usé, râpé, rapiécé. Cet incroyable de la misère, au geste prétentieux; ce bandit fashionable, dont le rôle, accusé jusqu'à l'extravagance, poussa l'ivresse de la gaieté jusqu'au délire, dans une pièce où l'auteur voulait faire pleurer.

Cent drames ont palpité de son souffle : Robert-Macaire l'a vu débordant de fiel ; Ruy-Blas, arrachant un cri terrible, un

cri plein de délire et de vengeance :
Je crois que vous venez d'insulter votre reine !

Paillasse, mettre l'empreinte du génie même dans la trivialité. « Il saura, dit un critique, jeter sa femme par la fenêtre avec la même aisance qu'il cuisine la soupe aux choux du saltimbanque ». Il a le pouvoir de descendre jusqu'à la farce et de monter jusqu'à la poésie la plus sublime. C'est dans l'expression dominatrice de ses yeux que l'on retrouve le reflet « du regard de l'aigle, ce feu hardi qui peut se confondre dans la lumière homogène du soleil. » L'œil de Kean, « cet éclair magique, cette flamme enchantée. » Henri Heine l'a reconnu dans l'œil de Frédérick, comme on reconnaît chez lui la déclamation, le débit saccadé du comédien anglais, Protée du drame, ayant l'étincelance de geste et de voix, et l'autorité physionomique, aussi morne que la douleur, plus amer que Méphisto, sinistre comme ce pâle soleil éclairant la scène des Folies dramatiques, où Robert Macaire montait chaque soir vidant les derniers éclairs d'une prunelle sarcastique sur le parterre haletant.

ALFRED DE MUSSET

LFRED de MUSSET fut aussi disciple de Hugo, mais il fit de suite l'école buissonnière. L'ironie le laissa, railleur impitoyable, bafouer ce qu'il aimait, à force d'en avoir souffert.

O désespoir, divinité descendue des cercles du vieux Dante parmi les drames du romantisme; puissance incalculable qui donne à tous le droit de maudire; élan profond qui centuple les forces, et nous communique cette vigueur de haine envers Dieu, qui devrait au moins obliger à la colère le dédaigneux arbitre de la vie; de quelle liqueur amère tu nous abreuves, lorsqu'avec Byron, Lamartine, Hugo, Musset, tu joues de ton archet sur les cordes de l'âme! On dirait que tu brises tous les vieux moules de la poésie, et que, du déchirement de toutes les harmonies en déroute, tu tires des effets inattendus, des vibrations d'une tonalité étrange. Nous te saluons, hymne acerbe de la douleur, *novissima verba*, qui nous venges du destin, «comme d'un coup de poignard.» On t'a proclamé maître, car tu as donné les accents qui aident l'hommé à braver ce qui est plus fort que lui. Comme ces Indiens qui insultent leurs vainqueurs en chantant au milieu des supplices, tu lui fais trouver l'accent de défi qui lui permet au moins de mourir avec quelque grandeur !

Ainsi nous songeons devant le nom de ce poëte disparu sitôt. Mort après avoir parcouru le clavier des notes aigües de la souffrance, son nom a été Rolla, lorsqu'il vivait parmi nous. Si l'on se reporte à l'époque où ce portrait est le sien, la physionomie semble faite pour soulever tous les problèmes phrénologiques. La chevelure blonde recouvre un cerveau où vient se loger une ardeur dévorante, une volonté sans frein et peut-être sans direction. Jamais cette boite caractéristique du crâne, qui dérobe tant de forces latentes, ne cacha plus d'élans aveugles, plus d'aspirations effrénées vers le bonheur.

Le voici tel qu'il était alors à la Sorbonne, dans les allées du Luxembourg, « la taille svelte, serrée dans une redingote brune, et paraissant, à vrai dire, plus occupé de toilette que de poésie. » Sous la barbe pâle et fine, les muscles durs et solides du menton accusent l'énergie. Dans cette figure chevaline, d'un galbe mince, élégant, au nez long, étroit, aux lèvres sensuelles, se lèvent les orbes d'un regard tantôt terne, tantôt fiévreux. On voit se dessiner, à travers le masque amaigri, toutes ces cavités éloquentes d'où jaillissent la mémoire, la force créatrice de l'esprit, la passion dans la douleur, le rire dans l'amour.

Acharné à poursuivre la vérité comme à l'attaque d'une redoute, il garde la personnalité inquiète d'une jeunesse irritable. Aller de Hugo ou de Lamartine à Musset, c'est passer d'une statue en face d'un buste : il y a entre leur individualité morale, la même distance qu'entre leur type physique. Chez Musset, le profil est affiné par l'esprit. Du large courant où l'on navigue chez les uns, on se trouve en présence d'une organisation plus mobile, que l'aile du caprice enlève et repose à terre. La conception jaillit de moins haut ; la surface du style n'est plus un bloc de marbre dans lequel on taillera à grands traits, mais un joyau serti avec l'élégance d'un spirituel ouvrier, et dont les miroitements vibrent comme les biseaux de l'acier.

Mais ce négateur a le *moi* humain, le moi vivant, le cri de l'âme ulcérée qui perce sous les « gamineries poétiques, le dandysme byronien, » les négligences volontaires et tout affectées, de donner un croc-en-jambe à la forme dont l'école romantique se montre cependant si sévère. Rétif au plaisir, il poursuit l'expression d'un certain idéal de vice. Son doute se change en aspiration; son amertume appelle la croyance; sur cette tristesse, l'or du sourire resplendit quelquefois : c'est l'orage aperçu entre les rayures prismatiques du soleil. Ainsi que ces poëtes qui déposent la douleur qui les accable dans leurs vers, et s'envolent après, soulagés, comme Gœthe, il ne peut écrire que, pour lui, « poésie est délivrance »; car il meurt de ce spleen; car, tout en l'interprétant dans son œuvre, il ne s'en sépare point ainsi que d'un fardeau; car, selon l'expression d'un commentateur, il garde jusqu'à la fin « son cœur brûlant et ennuyé. » Et voilà pourquoi tu es grand, ô Musset! et non pour avoir osé secouer la statue de Voltaire de tes faibles mains, comme si un seul de ses débris titanesques n'eût pas suffi pour t'écraser, « enfant superbe ! »

En son vers d'un jet altier, le rhythme bondit avec un mouvement qui le fixe à jamais dans la mémoire; la chanson vole alerte et cavalière sur ses lèvres, de même que le son du cor à une heure matinale, et la rime piaffe en évolutions brillantes. Tantôt il semble que l'amour éventre l'enveloppe d'un seul trait, et projette sur les *nuits* son rapide éclair, pour enfanter après, comédies « aux ailes d'abeilles, » poëmes battus de mille vents contraires. Rolla, Mona Belcolore, Franck, Hassan, Namouna, spectres tragiques de ses veilles, peut-être vous penchez-vous à son oreille pour lui murmurer à votre tour dans le silence du tombeau :

Dors-tu content, Musset ?...

Mais, plutôt, éveillez-le de votre plus doux souffle, faites flotter sous sa paupière les visions de cette jeunesse à laquelle il ne voulut pas survivre, car aucun autre ne personnifia mieux parmi nous cette «*chose* légère et sacrée, » cet être fragile, ni dieu, ni mortel, dont parle un ancien, et qui s'appelle un poëte, dont l'existence aura été encadrée, pour Musset, entre ces deux vers; l'un qui caractérise le matin de la vie:

Franck, une ambition terrible te dévore.

Et celui-là que le pressentiment d'une agonie en détresse, d'un affaissement précoce lui a fait lancer pareil à une flèche, sur son drap mortuaire:

La poussière est à Dieu. Le reste est au hasard.

GEORGE SAND

OUS sommes en présence d'un portrait acquis à l'histoire, de celle qui fut si impétueusement aimée et anathèmisée par Musset.

George, ou plutôt *Indiana*, car ce nom convient mieux à la rêveuse physionomie que nous interrogeons, a toujours gardé comme le trait le plus frappant, l'énergie des lignes jusque dans les courbes les plus délicates. Dans l'encadrement de la chevelure courte et bouclée, d'un noir chaud, l'œil bombé s'allume et scintille doucement, doué d'un caractère qui vous enveloppe en ses attirances; le visage se colore, les contours prennent de l'accentuation; le nez est long, mince, serré à l'extrémité, et la bouche, qui devint si proéminente, indique la fermeté, la décision.

A cette période de sa vie, après *Lélia*, après les *Lettres d'un voyageur*, on se la représente sous les traits d'un jeune garçon, d'un poëte enfant, qui vous charme par son ardeur et son étourderie. Le vêtement masculin qu'elle prend pour ses courses, aide encore à l'illusion. Ce qui lui fait aimer le bien, c'est le sublime instinct d'artiste qui vous met au cœur une vague inquiétude de ce qu'on sent plus haut que soi. Mais elle ne le rêvera que comme un des effets du parachèvement de l'ordre social. Elle a l'inquiétude du vrai plutôt que la passion; la curiosité du beau, plutôt que l'amour; l'attrait du mouvement qui fait que l'on s'y précipite tête baissée, et non le sentiment d'harmonie qui rétablit l'accord ou l'équilibre entre les hommes et les choses lorsqu'il est rompu. L'inconnu exerce sur elle une fascination continuelle; mais ce n'est plus avec la certitude que l'inconnu lui cache une loi ou un secret, c'est sous l'attraction que le vide exerce sur l'esprit du penseur.

Dans ses paysanneries et ses romans, George Sand a-t-elle vu dans la nature autre chose que ce qu'on y peut voir, c'est-à-dire la splendide enveloppe mortuaire de l'homme? Non sans doute; les étoiles ne sont que les clous scintillants qui servent à murer les parois du brillant cercueil où nous naissons, où nous nous dissolvons. Nouveau Faust, elle dirait volontiers au principe qui préside à la destruction des choses de l'univers : « En m'accordant de regarder dans son sein profond, comme dans le sein d'un ami, tu as amené devant moi la longue chaîne des vivants, et tu m'as instruit à reconnaître mes frères dans le buisson tranquille, dans l'air, dans les eaux.....» Peut-être cette conception panthéiste apparaît-elle privée de ce verbe divin que Dante appelle : *il primo amor*; peut-être laisse-t-elle à l'âme un effroi inconscient; mais si l'on y réfléchit, c'est une façon à elle de *spiritualiser* la nature, comme Byron, et non de l'anéantir. Ce n'est certes pas, selon son expression, en s'annihilant au niveau de la matière; ce n'est pas non plus «en abjurant l'immortalité de sa pensée, pour fraterniser, dans un désespoir résigné, avec les éléments grossiers de la vie physique;» c'est plutôt en prêtant une existence d'un ordre perfectible à ce qui sera. Qu'importe que le mot «Dieu» ne soit que la signification allégorique prise en sens caractéristique du beau. Comme l'a écrit un penseur : chacun porte en soi son Montaigne, sa nature un peu païenne, son moi naturel où le christianisme n'a point passé.

Ainsi que Lamartine, le don naturel de la parole l'emporte à imposer, elle aussi, à ceux qui l'écoutent en proie à l'ivresse, des vérités dont la forme les fera toujours accepter sans discussion. S'il lui plait de faire aimer l'athéisme, on cherchera en vain à s'en défendre, on l'aimera; car il y aura dans la statue du dieu certains airs de grandeur qui domineront. Quoique née de Rousseau et appartenant dès son début au mouvement romantique, George Sand ne s'est enrôlée sous aucun maître contemporain, ne s'est point rompue au système d'une coterie. Elle a du trappu dans le style, sans avoir jamais rien de besoigneux dans l'esprit; sa prose se laisse palper les reins tant elle est musclée, ce qui ne l'empêche point par instant de frapper la terre d'un coup d'aile, et de se balancer majestueuse, maîtresse de son vol et de sa chûte.

ARSÈNE HOUSSAYE

S'Y méprendra-t-on ? Celui-là, ainsi que Musset, est un fils de Byron.

Son regard a tantôt le bleu scintillement de l'acier; tantôt la flamme qui encercle d'un seul jet une création artistique. On devine que l'effet de ce coup d'œil direct, exact, tombant d'aplomb sur ce qu'il vise, est de graver immédiatement l'enveloppe des objets dans la mémoire; la discussion modifiera ou adoucira l'impression reçue; mais l'empreinte, ou si l'on veut, la première esquisse des choses, restera ineffaçable dans cette glace intérieure de l'esprit où se répercute l'image des lignes et des couleurs.

Le front haut, droit, dont les angles s'élancent dans un mouvement hardi, s'enlève d'une façon impérieuse sur les tempes aux réseaux fins et nerveux, contre lesquelles viennent battre tous les rhythmes et toutes les sonorités. Le nez se termine en une courbe railleuse; la bouche, dont le demi-sourire, est doucement désabusé, s'éveille entre les filets d'or de la barbe et s'arque aux lèvres accusant une subtile ironie. Derrière ce sourire, on sent naître ce désir de l'esprit, cette *volition* ailée pour toutes les figures captivantes de l'art : insatiabilité du chercheur dont le rêve est de mettre son moi incisif à travers les régions tourmentées de la poésie, du roman, de la critique, de la philosophie et de l'histoire. La chevelure blonde est bouclée comme celle des têtes douées d'une jeunesse impérissable. La taille élevée, d'un grand air, se stylise encore sous un pourpoint de velours noir coupé droit ainsi que celui d'un peintre des temps anciens. Ce costume sombre fait ressortir le masque déjà très-accentué par sa pâleur, qui ferait volontiers penser que chez Arsène Houssaye, comme chez René, « tout a été passion en attendant la passion même. »

Revenu de tout, mais toujours jeune, amoureux du faste, mains pleines de roses et pleines d'or, cœur qui met de l'ivresse jusque dans le désenchantement, divination intuitive qui ferait dire que pour lui « inventer c'est se ressouvenir, » rapide comme la fantaisie, et marquant d'un cachet indélébile les traces de sa personnalité, trouvant l'originalité aux sources intimes de l'âme, parce que, comme Chateaubriand, il est « égaré et possédé du démon de son cœur. » Qui a mieux peint l'esprit du xviiie siècle et la passion du xixe, que ce grec du temps de Phidias et d'Aspasie, égaré parmi nous, ce romantique échappé des vignes et des forêts ?

Arsène Houssaye est une physionomie individuelle entre toutes; chacun de ses romans fait songer qu'à côté de celui qui a dit: « Je pense, donc je suis, » il ajouterait volontiers: « J'aime, donc je crois. » En critique, il inaugure une phase nouvelle. Il prend à son gré la touche du peintre, le fondu et la tendresse du pastel, le tour voltigeur et capriçant. Toutes les figures de l'histoire, refrappées par lui, ainsi que des médailles, restent comme brillantées sous le rayonnement féerique échappé de sa plume. Il est le seul auquel l'apparition d'un nom nouveau n'inspire pas un muet dédain; aussi celui qu'il a distingué dans la plèbe littéraire se sent le courage de défier le silence, la haine, l'insouciance du critique à coups de pioche.

Tout en restant aujourd'hui, avec Hugo et Banville, le réprésentant du romantisme, sa muse est hellénique. Il n'est besoin d'autre preuve que ce petit monument architectural des *Cent et un Sonnets*, édifié de la main délicate d'un robuste ouvrier. Daphné, Cybèle, une fresque de Pompéi, Orphée, Diane chasseresse, les dieux d'Homère, Amphitrite, sont des poëmes d'une saveur forte et nourrissante comme le miel; autant de bas-reliefs faits pour courir sur le socle d'une statue. Son nom, à jamais lié, chez les parnassiens, à celui de Gautier, éveillera toujours l'idée de la ligne sculpturale et voluptueuse : sentiment impérissable du monde païen, entrevu à travers l'art et à travers la nature. Il a la sérénité, la grâce aérienne, et son vers est contourné, travaillé, fourbi. Tantôt le poète n'offre qu'une esquisse toute sobre, tantôt le fond de sa toile est nourri, chargé de couleur, prêt à recevoir la hanche ployante d'une Antiope. Cela ne relève-t-il pas immédiatement de l'antique, surtout dans cette évolution du style qui fait d'Arsène Houssaye le Praxitèle de la poésie ?

Mais d'où vient que, par instant, une force qu'il ne peut maîtriser le contraint à s'arrêter ému, pensif? Est-ce que cette lumière qui a commencé à se lever pour lui sur les surfaces des marbres, éclaire subitement à ses yeux l'orbe d'une planète inconnue? Est-ce que l'esprit de Dieu l'effleure de trop près de ses ailes de feu, et trace en son esprit mille cercles nouveaux? Et comment ceux qui l'écoutaient se demandent-ils tout à coup surpris: Quel est donc ce poëte, cet athénien des anciens jours qui chantait hier dans le rite ionien, et qui nous apporte à présent l'écho d'une sphère étrange, innommée, que nous ne connaissons pas? Quelle attraction l'éloigne de nous? Quel accent plus impérieux et plus tendre a fait ployer sa fierté superbe? S'est-il blessé comme Eros en jouant avec ses flèches d'or? Sa voix est de la terre, et pourtant résonne grave et mélodieuse; on dirait, à l'entendre, le fugitif d'on ne sait quelle âpre et lointaine patrie?

Son démon, car il a son démon, n'en doutons pas, est en train de lui souffler mille et une créations : « le caprice, l'inattendu de Sterne, dans la tristesse et la passion de Rousseau. » Mais nous avons songé souvent qu'il a aussi son « Egérie voilée , » qui ne le visite que lorsqu'il est seul; personnalité disparue de ce monde où il l'a aimée, et qui le forcerait à croire à l'amour alors qu'il ne croirait plus à la femme. Si Arsène Houssaye n'appartenait à l'histoire, on n'oserait lire ces feuillets intimes; mais pourquoi n'avouerions-nous point que nous nous sommes imaginé voir souvent au déclin du jour, dans une longue galerie de l'avenue Friedland, certains profils de mortes glisser et lui sourire dans les glaces rembrunies :

Une surtout, un ange... une jeune Arlésienne.

Savez-vous où l'on trouve encore la plus réelle expression physique d'Arsène Houssaye? C'est dans la physionomie de son fils aîné, M. Henry Houssaye, ce jeune homme qui a déjà franchi le seuil de l'Académie pour y être couronné. Il y a entre leurs deux personnalités la même différence qu'entre leur caractère d'écrivain. Ce qu'on rencontre de flottant et de fantaisiste chez l'un, se régularise, se fait plus classique chez l'autre, par les points de repère de l'historien d'Alcibiade avec la Grèce, par sa tendance austère à poursuivre dans la netteté et la logique des faits du passé, ce qui peut établir la philosophie de l'avenir, et par son inquiétude toute ardente de l'exactitude locale.

Théodore de Banville l'a gravé à la pointe sèche dans un de ses camées parisiens. «N'est-ce-pas, écrivait-il à propos de la préparation de l'histoire d'Alcibiade, le seul écrivain aujourd'hui vivant qui ait pu se proposer de peindre un pareil héros, sans avoir rien à envier à son modèle? Sa mère, si admirablement belle, et qui, si prématurement, disparut d'un monde où elle régnait par la toute-puissance de la grâce, eut sans doute les meilleures fées pour amies, car elles étaient présentes autour du berceau d'Henry Houssaye, et elles se sont plu à lui donner la beauté, l'esprit, et le reste.» Aujourd'hui, ses cheveux, si dorés alors, sont devenus chatains et laissent déborder du front leurs touffes annelées, abondantes disposées pour la statuaire. Ce blond duvet naissant au-dessus des lèvres, forme à présent une moustache qui se fond dans les masses serrées de la barbe soyeuse et épaisse taillée en pointe. Le dessin de la bouche est plus viril; la vie de soldat a imprimé à cette tendresse juvénile des traits, l'énergie, la résolution; la voix résonne plus mâle et la taille, mince, élégante, qui fait encore ressortir la correction du costume civil ou militaire, révèle dans la souplesse du mouvement un habitué des assauts d'armes. A l'adolescent un peu rêveur que nous voyions arriver le soir aux réunions du palais pompéien, succède maintenant l'officier qui a joué ses jours pour le pays. Est-ce donc en menant l'existence des camps qu'il doit d'avoir affermi cette sévérité de jugement si absolu, qui le défend de certains écarts d'imagination, où il brillerait aux dépens du vrai, et qui perçait déjà dans l'introduction de son *Histoire d'Apelles: l'Art et les religions?* Sa personnalité morale transparaît toute entière dans ces paroles empruntées à sa préface d'*Alcibiade* :

« L'histoire des peuples morts a de grands enseignements pour les peuples vivants, mais à la condition qu'elle soit un tableau fidèle et immuable, aux lignes précises, aux couleurs exactes de l'époque évanouie, qu'elle ne soit pas un miroir d'acier bruni changeant et servile, marqué de traits vagues et de hachures indécises, où chaque siècle puisse à son gré se reconnaître. »

JULES JANIN

OUT à côté du scepticisme mondain d'Arsène Houssaye, voici la sérénité païenne.

Le rayon qui traversa l'âme d'Horace l'avait effleuré aussi. Ce front blanc comme le vélin où s'écrivent les livres rarissimes, et dont les temporaux lumineux semblent réfracter çà et là les jets rapides de la pensée, s'arrondit sous le noir éclat des cheveux éparpilés en boucles lisses ; l'œil regarde, interroge, avec une fixité douce et paresseuse ; le nez descend charnu, sur la lèvre rouge et forte, vaguement creusée aux coins, s'entr'ouvrant pour rire sur une rangée de dents blanches ; les joues « pleines et vermeilles, » sont enfermées dans le gras contour qui encadre le menton, et rebondissent puissamment hors du collier de crins luisants frisottés de la barbe. Ce collier s'enlève en vigueur sur le jabot de batiste de la chemise emprisonnée dans le gilet blanc dont les revers s'ébattent entre le large écart du paletot. La figure qui couronne cette robuste charpente laisse resplendir la santé, la belle humeur de l'imagination, la chaude malice. « Je taillais les hautes futaies de ma fenêtre en lisant quelque chef-d'œuvre des anciens jours. » Cette parole caractérise la physionomie intellectuelle de Jules Janin.

Dans la pointilleuse ironie de Janin revivent surtout cette souplesse et cet enjouement de la plume, cachant parfois l'insulte polie pour ce qui n'est point l'art, ce caractère d'esprit que les Grecs appelaient *Eutrapelia*. S'il se prosterne devant la pléiade romantique, il le fait avec une « nuance d'indiscipline qui raille tout en admirant » et, peut-être, ajoute un des deux ou trois impeccables du feuilleton, « préférait-il Diderot à Shakespeare et lisait-il plus volontiers le *Neveu de Rameau* que *Comme il vous plaira*, ou *le Songe d'une nuit d'Eté*. » La langue d'Ovide est pour lui la treille pourprée dans laquelle il se promène en vendangeur ivre. Le style se découpe dans son œuvre en lianes nerveuses, flexibles, où les images s'accrochent ainsi que des fruits d'or, et se festonnent au-dessus des portiques où il fait entrer l'idée. Le poëte qui a dit: « Méfions-nous d'un empressement stérile et tracassier, surtout quand il parle en vers », aurait admiré en lui cette abondance de la phrase qui se préoccupe peu du chemin, sûre de frapper le but; architecte de la forme, il abhorre le sentier direct; aux allées droites de Versailles, il substitue les sinuosités des jardins anglais; ici une ruine, là une statue, un rocher; plus loin, une masure, un tombeau: ne lui faut-il pas s'arrêter quelques minutes, écarter une branche, passer dans un taillis, traverser une avenue qui coupe le chemin? Lorsque il est au terme de sa course, il se rappelle tout à coup le motif qui l'a fait mettre en route. Quoi d'étonnant s'il arrive trop tard? Cette colonne lui a rappelé les Thermopyles, et cette fontaine, la source de Bandusie; mais on n'y a rien perdu, au contraire, car l'écrivain nous fait participer à quelque riche trouvaille; la pioche du fouilleur n'a pas été sans mettre à découvert pendant le trajet on ne sait quel fragment de sculpture, ou quelle médaille déjà rongée. Le temps perdu est soudain converti en monnaie et, lorsqu'il se décide enfin à parler de ce qui l'amène, il le fait en quelques touches énergiques, regarde la création qu'il doit juger, l'analyse d'un coup d'œil dans ses détails et son ensemble, en dresse une esquisse rapide; avec son crayon, il en avive encore les traits de force dans l'anatomie des profils, y met des rehauts, en indique les défectuosités, comme le peintre qui trace avec un bout de fusain une ligne parallèle à la figure de l'œuvre qu'il reconstruit. C'en est fait, l'édifice est debout; quelques gouttes d'encre ont fait ce miracle. C'est qu'aussi, Janin a toujours eu l'attention de se tenir à distance du conseil de Boileau :

> Faites choix d'un sujet.

Comme si on choisissait son sujet, et comme si le sujet n'était pas partout, en quelque endroit qu'on se trouve.

Ce n'est point un amuseur dans le sens bourgeois du mot; mais avec quel appétit on mord à sa critique du lundi! Les ruches vides du feuilleton se remplissent de miel : le miel de l'Hymette; car, pour lui, tout ce qui ne relève pas de l'antiquité, comme l'a dit Gautier, n'appelle pas sa dévotion. Il eût inspiré à la timide *Henriette*, de Molière, le désir d'apprendre le grec.

Pareille aux toiles titianesques auxquelles le temps donne « une patine d'or », son œuvre revêt une plus haute solidité, lorsqu'on remonte aujourd'hui à cette vivante époque de 1834; il y porte la pensée avec une aisance, un atticisme qui ne l'empêche pas d'imprimer à ce qu'il touche un cachet de personnalité profond. Mais c'est toujours en puisant « à la source vive, à la langue d'Athènes », que le critique garde son originalité d'un reflet si intime. Son esprit est tout près de son cœur. En lisant l'écrivain on se sent près de l'homme. On est loin de ces praticiens du style qui n'excellent que dans la beauté du morceau : « Celui-ci est un Phidias dans l'art d'indiquer un ongle; celui-là onde d'une façon exquise les cheveux d'une tête; ils suivent un détail, ils n'entendent rien à l'ensemble. » Au contraire, chez Janin, l'inspiration échauffe et remue toutes les parties. Ce marteau de bronze frappe en tous les coins à la fois, et fait résonner la page entière si chaude et si mouvementée. Chez lui, la prose est « ce fleuve inondé de soleil » dont parle Horace. Leste, fringant, joûtant armé du mot, là il arrondit un contour, ici entre « les crochets d'une parenthèse » il jette un pont entre deux idées opposées, et le voilà passant sur ce pont suspendu qui s'appelle le paradoxe, avec la plus singulière assurance. Il rentre dans l'arène le front si réjoui, qu'il paraît toujours sûr de la victoire, soutenu d'un escadron de pointes ironiques; il n'arrive là que pour faire luire la logique du vrai — car il est vrai en restant passionné.—Et tout cela, dans ce rhythme enchanté qui, pareil au rhythme des poëtes latins, semble fait pour bercer les soucis en enchaînant la raison indulgente et moqueuse; avec cette parole d'un tour ailé, dont la circonvolution fait songer parfois à un sylphe que son caprice soulèverait doucement de terre afin d'atteindre quelque chose qui court dans l'espace.

BALZAC

OI je ne devais être que le secrétaire, la société allait être l'historien ; en dressant l'inventaire des vices et des vertus, en rassemblant les principaux faits des passions, en peignant les caractères, en choisissant les événements principaux de la société, en composant des types par la réunion des traits de plusieurs caractères homogènes, peut-être pouvais-je arriver à écrire l'histoire, oubliée par tant d'historiens, celle des mœurs. Avec beaucoup de patience et de courage je réaliserais, sur la France au XIXe siècle, ce livre que nous regrettons tous, que Rome, Athènes, Tyr, Memphis, la Perse, l'Inde, ne nous ont malheureu-

sement pas laissé sur leur civilisation. » Ainsi, Balzac disposait le programme de sa vie d'écrivain, lorsqu'il habitait sa mansarde de la rue Lesdiguières.

La mansarde? « une chambre qui avait vue sur la cour des maisons voisines, par les fenêtres desquelles passaient de longues perches chargées de linge. Rien n'était plus horrible que cette mansarde aux murs jaunes et sales, qui sentait la misère et appelait son savant ; la toiture s'y abaissait régulièrement, et les tuiles disjointes laissaient voir le ciel ; il y avait place pour un lit, une table, quelques chaises. » C'est là que l'ancien élève du collège de Vendôme se nourrissait en futur grand homme, c'est-à-dire avec trois sous de charcuterie, trois sous de pain, et deux sous de lait. Dans ce logement il ne porte pas encore le fameux froc de laine blanche dans lequel il a passé une bonne partie de sa vie. Le voici tel qu'on s'en souvient, assis à sa table, la tête coiffée d'une calotte coupée peut-être dans un pan de rideau en brocatelle, la poitrine enveloppée d'un châle, les jambes couvertes d'un vêtement rapiécé, ayant d'un côté une cafetière à laquelle il doit recourir souvent pour surexciter son cerveau, de l'autre son encrier ; s'escrimant avec l'acharnement d'un cheval de labour à creuser le sillon, à dévorer le champ philosophique qu'il s'est tracé ; son front fume, il reste chancelant sous le poids de l'idée qu'il ne parvient pas à incarner tout d'un coup dans le verbe des mots, martyr de l'enfantement littéraire depuis le soir où il commence, jusqu'au matin où il tombe épuisé.

Le vrai Balzac reste toujours doublé de l'étudiant de la rue Lesdiguières. Il conserve jusqu'à la fin ce douloureux travail de la création laborieuse. Ce génie, qui avait une si haute puissance de divinisation, qui concevait un livre avec un sentiment et un instinct physiologiques si profonds, que tous les caractères s'y déroulent d'après une logique écrasante, fatale, ne possédait pas le don du style ; et cependant son style défie la dialectique la plus serrée, et cette forme où la pensée entre dans la phrase comme un poinçon, est si captivante pour nous et fascine notre esprit de telle façon, qu'on ne s'aperçoit pas de la lenteur de l'action.

Lire Balzac, c'est prendre un décalque de toutes les ambitions, regarder à la loupe les verrues grossissantes de la société, entrer dans la minutie des égoïsmes, et connaître à quelles lois pathologiques se raccordent les instincts, les fautes qu'ils feront commettre ; il y a une telle certitude en son œuvre, on y est sur un terrain si solide et les individualités qui s'y promènent y sont si durement implantées, qu'il n'y a pas de danger qu'elles perdent pied et que leurs contours s'effacent dans un dénoûment chimérique, ainsi que cela se voit dans beaucoup de romans modernes. Tout vice y croîtra jusqu'à la férocité, et, vers la fin, se dessinera hideux jusqu'à l'exagération gigantesque, dépouillé de l'habit sous lequel il cachait sa tortuosité. Ainsi Balzac arrive à une subtilité d'analyse de la personnalité humaine si étrange, qu'on sent courir chez l'individu le souffle de la vie physique et intellectuelle à fleur de peau, et cela par « d'incessantes projections de ce fluide plus puissant que l'électricité » et qui s'appelle la volonté, la volonté qui emporte cet athlète à travers tous les calvaires, qui le condamne à surchauffer sa copie à perpétuité, et le domine jusqu'à la souffrance ; la volonté qui le surmène dans le travail, au point d'en faire un noctambule littéraire sur les pages

7.

duquel « le soleil ne se couche pas. »

Une des distractions qu'il se permet, c'est d'aller contempler Paris du haut de la colline du Père-Lachaise, ce Paris où il n'est guère d'artiste ou d'écrivain jeune et pauvre qui n'ait fait le rêve inavoué de le dominer un jour par un peu de popularité. Aussi Balzac s'attaque-t-il surtout à peindre l'homme ardemment trempé, marchant les pieds dans la boue, les coudes percés, l'habit couturé, les semelles gluantes; c'est au point qu'on s'assoiffe d'or à force de côtoyer cette pauvreté ruisselante de pluie qui s'appelle tantôt Rastignac, Lucien de Rubempré, d'Arthez, Bianchon, Lousteau.

Dans Balzac, sous les dégradations du vice, perce le sentiment grandiose de la nature humaine; le vice n'y obéit point à des considérations d'un ordre vulgaire, et le crime y prend des proportions plus élevées qu'en cette littérature dramaturgique qui, depuis si longtemps a fait irruption, dans l'art. Ainsi, regardons par exemple Herrera, l'ancien forçat Vautrin dit Trompe-la-Mort, parvenu à se substituer à un chanoine de Tolède envoyé secret du roi d'Espagne, Ferdinand VII. A travers l'inspiration fatale

qui dirige les actes de ce sombre personnage,
on reconnaît comme un vague désir de renaissance morale, comme une aspiration irréfléchie de reconquérir une existence quelconque qui le préserve de la dernière abjection. Herrera, tout en vouant une haine invétérée à l'humanité, s'est fait cependant le protecteur de Lucien de Rubempré sauvé par lui
du suicide; il met toutes les ruses de son
génie, toutes les forces de son audace, tous
les travaux d'une vaste intelligence à déjouer
les obstacles qui s'opposent à l'accomplissement de cette destinée de jeune homme.
Chose étrange, ce personnage rivé à l'infamie se croit encore assez fort pour diriger
tous les fils d'une autre existence. Lucien,
c'est son autre *moi*, ce moi où il a réussi à
s'introniser et avec lequel il est rentré dans
ce monde qui l'a banni. Ce *moi* si brillant, si beau, il l'a revêtu d'une livrée
de grandeur, d'une casaque de gentilhomme,
d'une auréole de gloire naissante assez solide pour que toutes les rivalités se soient
senties devancées, et, par ce pacte infernal,
Herrera agit seul, comme Méphisto auprès
de Faust. A lui de briser l'obstacle, de miner la montagne, en laissant son compagnon

pur de toute participation à ses ténébreux desseins. « Je suis l'auteur, tu sera le drame; si je ne réussis pas, c'est moi qui serai sifflé, lui a-t-il dit. » En un mot, comme le décrit admirablement Balzac, Lucien c'est la splendeur sociale, à l'ombre de laquelle il prétend vivre.

Lorsque l'écrivain touche à des créations d'une autre caste, lorsqu'il lui arrive de prendre une figure de courtisane, c'est le profil de la jeune Esther qui jaillit de sa plume, incarnation de la grâce et de la pure tendresse. Balzac en s'attaquant à cette race juive, intensifie d'un trait toujours plus énergique la beauté caméenne de ses types. Qui ne conviendra que la courtisane, placée comme l'artiste, aujourd'hui, au ban de l'infamie moderne, mais qui ne saurait, à son exemple, se glorifier du mépris des hommes, n'a guère été épargnée en ce temps-ci que par quelques écrivains? Pour un grand nombre, ça été le personnage prédestiné à subir les imprécations des alarmistes de la pudeur, le gâteau savoureux devant assouvir la faim du dragon qui garde les pommes d'or de la vertu. S'agit-il d'expliquer la ruine de la famille, l'abaissement d'une maison illustre flétrie dans son dernier rejeton? on s'empresse de saisir toutes les ficelles du roman bourgeois, et la courtisane est là, qu'on chargera de ce fardeau d'iniquité. A l'égard d'un petit nombre seulement, elle exprime encore le bilan des enthousiasmes pour l'art païen.

« Il ne faut point s'imaginer que l'auteur de la Comédie humaine copiait toujours d'après nature. Tout objet rendu par le moyen de l'art contient forcément une part de convention. Faites-la aussi petite que possible, elle existe toujours, ensevelie la plupart du temps dans les fouilles de ses travaux. Balzac n'a pas matériellement observé les deux mille personnages qui jouent un rôle dans sa comédie aux cent actes ; mais tout homme, quand il a l'œil intérieur, contient l'humanité ; c'est un microscome où rien ne manque. »

Si nous empruntons cette attestation, c'est qu'elle a une telle valeur historique qu'on ne peut parler de l'auteur du *Père Goriot* sans évoquer la plume autoritaire des *Jeune-France*, de celui qui a vécu si près de lui. Il a vu la copie sortir toute fraîche des doigts de Balzac, copie toute zébrée de ratures, surajoutée d'innombrables renvois auxquels venaient s'arc-bouter d'autres variantes effacées puis reprises, collées avec des pains à cacheter et faites pour correspondre à des chiffres grecs ou romains, à des signes typographiques reliés à d'autres signes encore, enfouissement, chaos, pêle-mêle, babylone inextricable où se perdaient les compositeurs, et pareille à des conjurations abracadabrantes; et, de ces retouches, de ces corrections faites sur d'autres corrections, surgissait alors la forme parachevée, élégante, noble, si serrée dans le contour, si savante dans les proportions, où le point lumineux, l'effet, venaient toujours rayonner à l'endroit précis; la pensée se nouait dans la phrase, au point qu'on n'aurait pu l'en retirer sans l'en arracher par lambeaux tant elle s'y emboîtait solidement. On voyait apparaître ces figures de la princesse de Cadignan et de Delphine de Nucingen avec quelque chose d'implacable dans la vérité du dessin, qui les force encore aujourd'hui à se lever, s'asseoir, marcher, nous saluer, si bien que l'écrivain nous fait sucer sur leurs lèvres le fiel qu'elles ont au cœur. Celles-là sont peintes en pleine lumière, d'autres en clair-obscur; les fissures de la peau, les marbrures du front, le nez piqueté de points noirs, la décrépitude naissante qui se voile dans les demi-teintes du boudoir, le sourire se fixant un instant sur une lèvre fanée et qui arrive juste au moment où il faut qu'il parte comme une dernière fusée vers celui qu'on veut séduire, ce sont là de ces traits d'un réalisme inquiétant. Les types s'installent dans la mémoire pleins de menace et d'autorité, non servilement moulés sur nature, mais francs, cruels même, et si l'on se met pour tout de bon à vivre avec ces héroïnes, on éprouve l'hallucination de leur contact, on s'habitue à leur geste, on distingue le bruit de l'étoffe de laine ou de soie de leur robe par la porte où elles s'en vont ; on a dans l'odorat les papiers huileux contre lesquels Rastignac s'est tant de fois appuyé.

La stature de Balzac, telle que nous la trouvons représentée dans une gravure de 1833, est assez riche, assez florissante pour supporter ce bloc de l'idée, plus lourd, assure-t-on, que le rocher de Sisyphe. Cette figure large, aux joues rebondissantes pétries de santé, est éclairée par deux yeux pétillants de verve et de puissance. Une forte moustache ombre la lèvre supérieure, sensuelle, charnue, gouailleuse. Le front contient cent arpents de terrain littéraire à défricher; le nez, coupé au milieu, se relève aux narines très-ouvertes faites pour aspirer énergiquement, et porter une dose considérable d'air dans les cavités du cerveau où le sujet bout comme un métal en fusion. Les cheveux épais, irréguliers, vraies fibres vivantes, poussent une crête ici, une touffe là, crépitent aux tempes, enveloppent un bout d'oreille et font comme mille caprices et sournoiseries d'allure autour de cette face de moine tourangeau, qui a l'air de s'esbaudir grandement en accusant par le sourire le double contour du menton. La robe de chambre, très-échancrée, laisse à découvert un cou de taureau, les bras nerveux sont croisés sur la poitrine. Est-il rien de plus vaste, de plus solidement campé que cet homme, compatriote de Rabelais, que ce bœuf de la conception qui, debout dans son froc blanc serré à la taille d'une cordelière, a l'air d'avoir déjà confessé toutes les consciences, et tenant en guise de bréviaire ses glorieux contes drôlatiques, criera tout à l'heure : « Arrière mastins! sonnez les musicques! silence cagots! hors d'ici les ignares! advancez MM. les ribaulds! mes mignons paiges baillez votre doulce main aux dames, grattez la leur au mitan de la gentille fasson. Après, vous leur direz quelque aultre mot plus plaisant, pour les faire esclater, veu que quand sont rieuses, elles ont les lèvres descloses et sont de petite résistance à l'amour.»

GÉRARD DE NERVAL

ELUI-LA, s'est élancé un jour « hors du solide, hors du fini, on pourrait même dire hors du temps. »
Comme Euphorion, une force secrète précipitait Nerval en dehors des limites de ce monde; ses sens portaient au-delà des nôtres, il voyait et il entendait plus haut et plus loin et, jusqu'à présent, la science n'a pas trouvé un autre mot que celui de folie afin de caractériser cet état d'âme. Et cependant, jamais plus riche éclosion de facultés n'éclaira un cerveau humain et n'en disposa plus harmonieuse--ment toutes les cases, sans les confondre, sans les heurter. Il était né pour tenir en main tous les fils analytiques des philosophies

comparées, pour pénétrer par la structure des langues selon leur forme désinentielle, si l'imagination du peuple qui les créait avait des tendances à la synthèse, à l'analyse, à la poésie. Lui seul est parvenu à édifier le fameux système panthéiste de Gœthe, qui prétend n'avoir goûté le poëme de Faust que depuis la traduction de Gérard, en un moule plus approprié à l'intelligence, dans cette langue qui ne fait qu'un avec le génie de Voltaire. Et, par un singulier renvoi, s'il faut ouvrir les œuvres de Gérard dans le but de comprendre Gœthe, c'est Gœthe lui-même qui se chargera de prononcer sur Gérard le jugement de la postérité. « Je n'aime pas à lire le Faust en allemand, disait-il; mais dans cette traduction française, tout agit de nouveau avec fraîcheur et vivacité... Le Faust pourtant est quelque chose de tout à fait incommensurable. » Comparons à cet accueil celui de Byron lisant, plein d'une réserve hautaine, le nom du jeune français qui lui adressait une de ses premières méditations : *l'Homme*. Et celui-là était Lamartine.

Un fait à observer toutefois. Si Gérard est si profond gœthiste, c'est qu'il portait peut-être en lui l'innéité d'un système qu'il n'a si bien interprété que parce qu'il flottait à l'état d'embryon dans son esprit. Il avait sans doute, en s'appuyant sur les monades de Leibnitz, greffé un système de double vue conçu par le magnétisme, qui lui permettait de supposer après la décomposition de la matière animale, ce quelque chose sans nom, sans structure, souffle ou vapeur, son ou lumière, pouvant, selon lui, survivre à l'anéantissement. Pour nous, qui repoussons un semblable système et qui n'en parlons qu'à titre de curiosité scientifique, nous croyons que « ce choc de Gérard de Nerval contre la sombre personnalité de Faust » presque sur les bancs du collége, a dû jeter sur toute sa vie la préoccupation constante qui lui fit abandonner la série des faits positifs pour l'hypothèse psychologique. Gérard aussi s'est écrié dans un ardent transport : « Je ne cherche point à m'aider de l'indifférence ; la meilleure partie de l'homme est ce qui tressaille et vibre en lui. Si cher que le monde lui vende le droit de sentir, il a besoin de s'émouvoir et de sentir profondément l'immensité. — Échappe donc à ce qui est, en te lançant dans les vagues régions des images, lui murmure une voix intérieure, réjouis-toi au spectacle du monde qui depuis longtemps n'est plus. »

Il se laisse emporter « par dessus les épaules » des maîtres dont les autres ne font que suivre la trace; c'est-à-dire, qu'au lieu de se contenter de les traduire dans leur sens absolu, précis, il leur imprime une fougue, une passion originale qui mêlent son improvisation créatrice à leur génie; ses pensées se métallisent dans le même creuset que celles qu'il interprète, mais il se grise à leur flamme, et, pris d'un accès de témérité, à son tour, il écrit à côté d'eux ce qu'ils n'ont pas songé à écrire. Si l'on peut établir cette comparaison, on dirait qu'après les avoir regardé, il les devance dans leur allure au lieu de se conformer tout à fait à la gravité de leur marche.

Tous ces problèmes, en effleurant Gérard au début de l'existence, n'empêchent pas de joyeuses rimes de siffler sur ses lèvres, et l'une de ses premières odes, celle à *Tyndaris*, est adressée à la brodeuse de son voisinage, qu'on appelle la Créole. Dans cette ode, la jeune femme est pour fort peu de chose, c'est tout simplement l'amour que le poëte chante :

> Dis-moi, jeune fille d'Athènes,
> Pourquoi m'as-tu ravi mon cœur?

Quelques années plus tard, ces vers devenaient une réalité; une femme lui avait en effet ravi son cœur, et si bien ravi qu'il ne le reprit jamais. Il entrait dans sa destinée d'en vivre et d'en mourir. C'est Arsène Houssaye qui a écrit : « Les grandes passions prennent leur source dans l'amour et se jettent dans la mort. » En attendant, ce jeune homme dont les sonnets avaient été imprimés pendant qu'il était encore sur les bancs de Charlemagne, commence gaiement la vie, hugolâtre fougueux et fredonnant les vers de Ronsard :

> Allons de nos voix
> Et de nos luths d'ivoire
> Ravir les esprits!

Il en construit sur tous les rhythmes, mais principalement sur les coupes des vieux poëtes de la pléiade; ce n'est pas qu'il cherche a en faire des pastiches; comme il l'a expliqué, leur caractère l'impressionnait malgré lui: « En ce temps-là je ronsardinisais, » raconte-t-il. *Avril, Fantaisie, le Point noir, Pensée de Byron,* une strophe sur les papillons, sont un groupe d'odelettes rhythmiques et lyriques qui reportent au temps où l'on disait à Gérard: « Montrez-nous ces juvénilia, sonnez-nous ces sonnets, » temps où remonte cette petite pièce des *Cydalises* :

> Où sont nos amoureuses ?
> Elles sont au tombeau.
> Elles sont plus heureuses
> En un séjour plus beau.
>
> O blanche fiancée !
> O jeune vierge en fleur !
> Amante délaissée
> Que flétrit la douleur !
>
> L'éternité profonde
> Souriait dans vos yeux.
> Flambeaux éteints du monde,
> Rallumez-vous aux cieux

Lorsqu'il eut d'autres soucis que le refus des directeurs de théâtre, lorsqu'il aima d'un amour immense, une actrice dont le nom est encore voilé tant il évitait de le faire connaître, son esprit, déjà fort enclin à l'illuminisme, s'écarta soudain des milieux terrestres. Les *Sonnets mystagogiques* naissaient de cette imagination troublée. Il revint de ses voyages du Caire et de Constantinople avec des plans de drames effarants. *La Reine de Saba*, dont le scénario mélangé de Kabbale, d'initiations magiques, a paru sous le titre : *Les Nuits du Rhamadan*, appartient à cette période de son existence où le rêve incessant primait l'action en lui, où son sommeil lui dessinait les aspects étranges d'une vision qui venait sans cesse s'asseoir à son chevet et qu'il appelle Capharnaüm : « Des corridors, — des corridors sans fin. Des escaliers —des escaliers où l'on monte, où l'on descend, où l'on remonte, et dont le bas trempe toujours dans une eau noire agitée par des roues, sous d'immenses arches de pont, à travers des charpentes inextricables ! — Monter, descendre, ou parcourir les corridors, — et cela pendant plusieurs éternités... » Comme tous les penseurs, il ajoutait un cercle à l'enfer dantesque. Cet esprit qui se sent plein d'objectivité, « où le moi et le non-moi se livrent un terrible combat, » s'est maintes fois persuadé, sans doute, être en proie au travail d'esprits qui lui dévissaient la tête à petits coups de marteau, pour la lui desceller, et lui remettre en place les parois de son crâne philosophique. Lorsqu'il se réveille brisé par ce somnambulisme, il recommence la vie comme si rien ne l'eût fait dévier, et il se console de ce mélange de rêve et de réalité

-qui l'a absorbé, en disant comme Pascal : « Les hommes sont fous, si nécessairement fous, que ce serait être fou par une autre sorte que de n'être pas fou, » et en ajoutant après la Rochefoucauld : « C'est une grande folie de vouloir être sage tout seul. »

Un fait à remarquer, c'est que cette surexcitation intérieure ne se refléta point dans ce qu'il écrivait. Sa plume s'est toujours imprégnée de cette teinte discrète et mesurée qui ne tenta jamais de s'abandonner aux véhémences de la diction. Il vise à l'économie de la phrase, à la période sobre, tranquille; il conserve partout ce caractère dans ses fantaisies, drames, courriers de théatre, premiers-Paris, descriptions de l'Allemagne et de l'Orient, critique musicale, car il a touché à toute chose, même aux imitateurs de la Kabbale. Son coloris aime les harmonies pâles, les gris bleutés, fuyants, les tons de sable fins nuancés, et, pour lui prendre une comparaison, son style ressemble à la large coupe de ces fleurs monopétales, au tissu aussi ferme que moelleux, aux rainures accentuées.

Ce rare et pénétrant esprit, où il fait chaud et clair, ce Gérard tant regretté est d'une singulière simplicité d'apparence. Sa tête déjà dénudée porte les traces du travail précoce, et ses rares cheveux blonds flottent légers sur ce crâne, laissant à découvert une structure phrénologique d'un dessin très-pur ; la figure se rétrécit vers le menton et s'enferme dans un trait oblong ; l'œil scintille sous un sourcil peu prononcé entre les deux bourrelets des paupières à peine ombrées de quelques cils. Le nez arrive tout droit sans aucune déviation sur une bouche dont la moustache enroule la lèvre supérieure ; quelques légers poils se tordent sous la lèvre inférieure, un collier de favoris projette une ombre sur les joues. Autour du cou, une cravate nouée sous un col de chemise rabattu. Ses vêtements sont les moins accentués possibles. En été, il a une redingote d'orléans noir ; en hiver, un paletot bleu foncé à larges poches, où il enferme presque une bibliothèque chaque fois qu'il sort. Lorsqu'on l'apercevait ainsi de loin, il avait l'air, assure-t-on, de paraître absent de l'endroit où il était. N'est-ce pas dans un de ces moments, où personne ne se trouvait présent pour l'aider à reprendre pied, qu'il subit l'obsession douloureuse de son délire et voulut se débarrasser de l'horrible aspect des hommes, ne supportant pas non plus leur apathique indifférence? Peut-être croyait-il sentir sur son front « la main chaude de colère de la destinée » qui dérange souvent les facultés les mieux équilibrées. Peut-être ce cauchemar de l'escalier à longues spirales s'était-il montré tout à coup pour l'entraîner au pied des arches souterraines d'où l'on ne remonte plus. Il ne pouvait, par un suprême effort philosophique, pousuivre ce travail de l'hallucination s'analysant elle-même.

L'Artiste de 1859, en donnant la description de la rue de la Vieille-Lanterne, où s'est passé ce drame du suicide de Gérard de Nerval, mentionne le détail sinistre d'un corbeau privé sautillant sur les marches de l'escalier, dont l'aile avait dû effleurer la bouche convulsée de Gérard, dont le cri avait dû monter à son oreille dans la dernière vague de l'agonie. « Qui sait, ajoute *L'Artiste*, si le noir plumage de l'oiseau, son cri funèbre, le nom patibulaire de la rue, l'aspect épouvantable du lieu, ne parurent pas à cet esprit depuis si longtemps en proie au rêve, former des concordances cabalistiques et déterminantes, et si, dans l'âpre sifflement de la bise d'hiver, il ne crut pas entendre une voix chuchoter: c'est là! »

LAMARTINE

LUI aussi a porté sa tête comme un Saint Sacrement; il s'est cru beau comme Raphaël: il l'a été.

La délicatesse de la peau laisse transparer l'azur des veines, entre les yeux « imbibés de lumière jusqu'au fond, » qui ont la couleur du ciel des Apennins; le nez est busqué, pareil à celui d'un jeune aiglon; les joues sont un peu plombées par le soleil de Rome, la bouche, d'une courbe assez romanesque, trahit la contention précoce de l'esprit; le menton, « traçant un sillon blanc, » est fait pour s'appuyer sur la paume de la main comme dans ce portrait du Sanzio, coiffé d'un petit bonnet plat en velours noir; les tempes sont bleuâtres, l'oreille appelle la tendresse des sons, le cintre naissant du front accuse le génie dans toute cette langueur souffrante; les cheveux sont massés inégalement « Accentuez ces traits, hâlez ce teint, attristez ces lèvres, grandissez la taille, donnez du relief à ces muscles, » et vous aurez le portrait de l'amant de Graziella à vingt-cinq ans. S'il a porté son âme au dehors, s'il a éparpillé ça et là les élans d'une organisation trop expansive, c'est qu'il est de ces natures que le bruit de leurs sanglots asssoupit et qui se chantent à elles-mêmes leur douleur personnelle. Ses vers, si larges, ont l'allure des hauts peupliers, faciles à céder à la violence du vent, mais qui se relèvent toujours majestueux. Ceux qui ont représenté Lamartine la lyre entre les mains, le manteau fouetté par l'orage, ont exprimé cette hautaine individualité dédaigneuse de la foule et pourtant faite pour la dominer, marchant sur cette boue humaine sans se salir.

Comme Chateaubriand, son scepticisme est trempé dans les eaux du Jourdain: c'est un pénitent mondain, un chérubin blessé dont les femmes ont toutes rêvé d'essuyer les pleurs. Celles qui disent adieu au monde n'oublient point d'amener avec elles au désert le crucifix;

ce joyau funèbre réalisé par l'amant d'Elvire. Les strophes sont faites pour s'exhaler en gémissements sur leurs lèvres, comme celles du *Lac*, pour être enveloppées, emportées dans la grande plainte musicale de Niedermeyer, qui en jette le mâle récitatif à tous les vents de l'ouragan intime. Quelle que soit la souffrance du poëte, le vers à toujours la même ampleur de jet, le même roulement sonore et lent, ne possédant rien de brisé ou de saccadé dans la forme. Lorsque l'orage intérieur en précipite le flot jusqu'au ciel, ce n'est qu'avec un air de souveraineté qui sait que, comme l'Océan, il a l'étendue pour dérouler ses colères. « Je suis le premier, a dit le chantre des *Méditations,* qui ait fait descendre la poésie du Parnasse et lui ait donné, au lieu des cordes de la lyre, les cordes mêmes du cœur de l'homme touchées et émues par les innombrables frissons de l'art et de la nature. » A ceux qui l'accusent de n'avoir déifié que ses extases et buriné que ses tristesses, il peut répondre par cette profonde exclamation de Hugo : « O insensé ! qui crois que je ne suis pas toi ! »

Un mariage contracté à Naples lui permet d'aller enfouir en Orient les revenus d'une fortune princière; sur sa route, il prodigue les piastres, les armes, les chevaux, traitant de pair a pair avec Ibrahim et les émirs; il traîne après lui une suite fastueuse qui le fait désigner sous le nom de prince franc. Il descend au désert au fond duquel il apparaît comme dans un cadre fantastique.

Les amoncellements de rocs s'étendaient à perte de vue, hauts, droits ou couchés comme des lépreux. On pensait à une des vallées chaotiques du monde. La matière restait là encore imparticulée, c'est-à-dire, sans division précise ou arrêtée de ses formes, attendant les premières oscillations qui allaient la faire dévier de ses assises. Derrière l'apparente sérénité du ciel, se préparaient les tempêtes latentes et les jeunes orbes solaires se débrouillaient confusément dans la neutralité blanche des nuées. Encore un peu de temps et les teintes vont s'insinuer d'abord, s'outrancier ensuite sur cette « non couleur des choses. » Tel est un des aspects du désert. Est-ce un commencement ou une fin ? Souvent ses cubes monumentaux, ses terres imbibées de désolation semblent révéler la trace d'une secrète épouvante dont l'expression se serait incrustée dans ces argiles malléables, avant leur complète solidification.

Continuons à marcher derrière la caravane. Tantôt le désert conserve les marques d'une résistance comme la queue d'un météore dont la pétrification aurait frappé tout d'un coup les anneaux convulsés, sorte de monstruosité céleste figée dans l'infini; tantôt il a des airs d'un impassible dédain qui regarderait à deux fois avant de lâcher le rouge dévoiement de ses sables. Il est facile de dire du désert ce qu'on a dit de l'éther lumineux : c'est « que nous sentons une presque irrésistible tentation de le classer avec l'esprit ou avec le néant. » On croirait qu'il est la résultante d'une fonction cérébrale quelconque, tant il a de passion, de souffle, de *mouvance*, d'individualité, de volonté impérieuse. Ne serait-ce pas lui l'aïeul, l'ancêtre primitif, portant les germes de vie physique? Cette poussière qu'il soulève est faite de la trituration matérielle des races qui ont vécu et sont mortes en lui, et ses masses glissantes, couleur de suie, s'élevant en trombes, sont les cendres tamisées par le temps, des premiers mâles velus auxquels s'adjoignirent des pourritures de saints.

Si l'on en arrive à cette conclusion que le désert, plus que toute autre solitude terrestre, contient des atomes, des infiniments petits des premières essences corporelles, qu'il en a bu les os et les liquides, le désert est une portion, une sorte de revêtement de l'homme. Il l'a désagrégé parcelle par parcelle, il a filé toutes les ténuités de son être, il lui a pris même ce qu'il a d'imperceptible aux sens, il l'a digéré ainsi que la création le digère, mais en le perdant moins dans l'espace; il semble, en un mot, en avoir gardé quelque chose d'humain. Quand nous entrons dans le désert, nous respirons comme l'odeur de ce qui a vécu; on se figure que du sang circule dans les fibres de ces immenses tiges bulbeuses. Les dunes ont aussi une teinte de chair, et les racines dont se nourrissaient les premiers anachrorètes n'étaient-elles pas nées des dépouilles de leurs devanciers? Jamais nature n'a mieux revêtu un cachet d'anthropophagie sacrée.

Lorsqu'on lit ces deux volumes du *Voyage en Orient*, l'on conçoit, à l'ébranlement des pages, que la terre de l'Islam dut apparaître à Lamartine avec sa grandeur épique et sembler traversée de ces personnages de la Bible, taillés, comme ceux d'Homère, dans le gigantesque et le formidable.

Mais il revient de la colline de Gethsemani frappé à mort de la perte de son enfant, dont il remporte les restes en Occident ; il revient, courbé comme un vieillard, ayant vu « des tombeaux, des ruines sans nom certain, une terre nue et sombre, éclairée confusément par des astres immortels. »

La vie active le prend à son retour ; la politique fait de sa vie quotidienne une improvisation permanente à la Chambre.

« Laissant les invariables rhythmes carrés de la prose, » il brise ou augmente sa période à volonté ; chaque idée devient chez lui une figure qui se dresse toute pantelante, fixe l'interlocuteur, l'interroge, le scrute et ne le quitte que pour aller s'installer aux cîmes d'une politique idéale, en regardant de haut en bas la foule que l'aimant qui ruisselle des paroles et du geste de l'orateur a terrassée. C'est ainsi, le jour où il repousse le drapeau sinistre. Quelquefois la période s'allonge et vient se coucher languissamment au pied de l'auditeur fasciné, comme ces beaux lévriers au corps si svelte qu'il aimait tant. Ce qu'on écrit de Listz n'est-il pas tout à fait identique à ce qui détermine l'art oratoire chez Lamartine ? « Il lui fallait, aurait-on pu dire, conserver un caractère d'unité au milieu d'une grande diversité de motifs, ne point s'éloigner de la majesté et de la plasticité antiques; donner un corps et une vie à des idées abstraites; formuler en plus des sentiments profonds et violents, sans l'aide de l'intrigue, sans le secours de la curiosité qui s'attache à la succession des incidents ou des épisodes; » souvent les parties sont si doucement articulées, si savamment aboutées les unes aux autres, qu'un calme imposant paraît ouvrir le discours ; mais un thème fugué apparaît tout à coup, et l'homme qui dogmatisait tout à l'heure n'est plus qu'un tribun fougueux. Il l'a été surtout le jour où, débordé par sa rhétorique, il n'a pas craint de se retourner vers cette princesse qui n'espérait plus qu'en son aide, et de lui jeter cette sentence en face : « Madame, il est trop tard. »

Trop tard! ce mot a un écho prolongé pour lui, car, un jour, il est trop tard aussi lorsqu'il s'agit de sauver sa popularité, et la dette étreint le grand homme et le rive à la chaîne de la copie. Si vous l'eussiez vu en ses derniers jours, avec sa redingote boutonnée haute et droite sous le menton, sa taille fière, qui n'avait point encore appris à se courber en passant sous les voûtes basses de la gêne, enfermé dans le petit immeuble du ministère de l'intérieur, vous eussiez compris qu'il était trop tard pour le sauver du dégoût qu'il éprouvait de ses contemporains, quand cette parole sortait de la plume du vitriolique Veuillot qui parlait de Karr et de Lamartine en disant « les deux Alphonse, » cette bouche révérende du directeur de *l'Univers*, si empâtée dans les muscles, essayant de broyer un génie avec sa lourde mâchoire!

ALPHONSE KARR

SA physionomie porte le reflet robuste et tranché de la nature agreste. La barbe épaisse et longue aujourd'hui enveloppe solidement les contours du menton, poussant ses brindilles à droite et à gauche, et grimpant aux joues ainsi qu'une feuillée de chêne. Sous les cheveux coupés ras et « couchés à plat, » le front forme un étage de quatre lignes carrées; c'est bien le vaste plafond de l'esprit. Le nez, un peu tourmenté de dessin, s'accuse de face avec deux ailes saillantes, détachées, mobiles. Les yeux, largement ouverts par la piqûre agressive de l'expression, soulignent l'essor d'une plaisanterie audacieuse; mais ce qu'il y a de si flottant

dans le regard, ce cristallin où nage la prunelle, paraît durement arrêté entre les cavités de l'œil; en sorte qu'aucune vapeur n'en dépasse les contours pour les embrumer, les adoucir. Les épaules sont larges, nerveuses, et la stature découpe ses profils d'athlète comme celle d'un dieu teutonique, sous le veston de velours noir au-dessus duquel s'enlève le nœud de cravate de soie blanche.

Vous le nieriez en vain, il s'appelle Stephen. Il a été l'amant inconsolable de Madeleine; il l'est encore. S'il se fait siffler par les merles de son jardin, c'est qu'il a aimé. Jamais souffle si personnel et si brûlant n'effleura une œuvre, que celui qui court sur les pages écrites *Sous les tilleuls*. Ce qu'il est venu chercher dans la vie mortelle de la nature, ce n'est point l'oubli ni l'apaisement; mais on dirait que c'est l'étreinte plus vraie d'un souvenir de femme. La solitude permet à la mémoire de sculpter les formes de ce qu'on a aimé, d'en reconstituer le type qui s'avancera toujours au-devant de nous, le soir ou le matin. Aussi ne faut-il pas s'étonner s'il est des organisations qui peuvent toujours garder un souvenir, là où le feu sacré s'éteint chez d'autres, à propos d'une personne disparue.

Dans ce roman de vingt ans où nous défions le lecteur de ne voir qu'une œuvre imaginaire, l'homme s'anatomise derrière l'écrivain. A travers cette fantasia du style se révèlent les blessures cuisantes de l'amour méconnu. La force créatrice de son organisation lui fait retrouver un contact avec la femme qu'il n'a pu river à lui. Il enserre ce délicieux fantôme qui n'est pas une conception idéale, mais qui existe pour lui et loin de lui, et son enveloppe « jeune, ferme et rose, » il la contemple, il la respire. « Vous êtes à moi, » lui crie-t-il, dans la demi-confidence du dernier chapitre où il consent à se laisser deviner, et tout en parlant comme s'il était *Stephen* : « Vous êtes à moi, triste ou heureuse, pensant à moi ou m'oubliant dans les bras d'un autre... La mousse des bois : nous avons marché dessus ensemble. — Les fleurs d'églantier : ensemble, le soir, nous les avons respirées. L'aubépine des haies : je l'ai enlacée dans vos cheveux. — Les liserons : il y en avait dans le jardin des tilleuls. — L'ombre et le silence des bois : je les ai désirés pour cacher notre vie qui devait être si heureuse ! — Le vent : je l'ai vu souffler dans vos cheveux. — Vous êtes à moi : Je suis à vous — et votre nom sera en tête de tous mes ouvrages, — bons ou mauvais, — loués ou blamés, — comme il a été au fond de toutes mes actions, de tous mes désirs, de toutes mes craintes, quand j'avais des craintes, quand j'avais la force d'agir. »

Ennemi juré de l'emphase, il a horreur de l'idée reçue; il préfèrerait caresser une chose à rebrousse-poil, plutôt que d'en parler comme tout le monde. La netteté coupante de son jugement bouleverse souvent d'un trait certaines théories qui ont primé l'opinion, et ce mélange perpétuel de la pensée de l'auteur avec l'action du roman, fait partir de temps à autre une fusée aux oreilles du lecteur. Ainsi, par exemple, le suicide que la majorité bourgeoise déclare une lâcheté, est rétabli par l'écrivain à son plan exact dans l'ordre social. L'homme n'aurait-il pas plus le droit de mourir qu'une sentinelle de quitter son poste? Nous répondrons avec Alphonse Karr que ce raisonnement fait de Dieu un caporal ; et d'ailleurs, nous pensons que Dieu, — en admettant qu'il soit, ce qui n'a pas encore été prouvé, — s'occupe fort peu de nous; « qu'il y a bien de la vanité à nous, petits, de croire que nous pouvons l'offenser et qu'il ne prend la peine ni de nous récompenser ni de nous punir, laissant au hasard et au savoir-faire de chacun le soin d'arranger et de conduire sa vie. On dit encore qu'il y a plus de courage à supporter le malheur qu'à se tuer, que l'on se tue par lâcheté, ce qui n'est pas vrai, et ceux qui, dans la vie, ont eu envie de se tuer savent s'il faut un vrai courage. Nous pensons, au contraire, qu'il n'y a rien de si raisonnable que de quitter un habit qui nous gêne, un lieu où nous sommes mal, de déposer un fardeau trop lourd pour nos épaules. »

Pourquoi le suicide semble-t-il parfois admissible à Alphonse Karr? C'est que le malheur lui est apparu comme un camp retranché dont les adeptes constituent la perpétuelle léproserie humaine; il voit une société qui fonde des comités de secours pour repêcher un homme des flots, les lui refuse la veille du jour où il veut s'y jeter, et dont le raisonnement à l'égard de l'individu est identique à celui-ci : — le malheur domine ta destinée; la loi t'interdit le suicide, nous ne pouvons rien à des maux dont nous proscrivons la victime; mais si tu meurs, nous paierons les frais de l'enterrement. Vivant, le monde ne t'accordera pas de quoi subsister; mort, les caisses de nos institutions s'ouvriront pour toi. L'argent que nous refusons de verser pour les souffrances de ton estomac, nous l'accorderons à cette poussière qui aura été ton corps.

La fiction si naturelle qui fait, en général, le fond d'un roman d'Alphonse Karr, et qui, de l'aveu d'un critique, réduite à sa plus simple expression, ne tiendrait pas deux pages, à laquelle s'accrochent les mille et un incidents de la digression, au point de couvrir les deux tiers d'un livre, ne saurait être taillée en plus nombreuses facettes. Ce style à courants chauds et magnétiques, vous réveillerait s'il était nécessaire, quand l'action se ralentit. Quelquefois on dirait que l'auteur laisse tomber sa plume, pose ses coudes sur la table et sa tête entre ses mains, et qu'il se met à rêver tout haut comme s'il n'avait jamais commencé d'écrire. Cette rêverie qui vient soudain se coucher sur son papier, amène des chapitres de demiteinte et donne du clair-obscur à l'ouvrage. Tout en faisant de la campagne le cadre de ses nouvelles, il jette dans ce milieu un peu immobile des bois et des champs, la vie, le mouvement, le positif de l'égoïsme humain ; il entend le paysage à la façon d'un peintre d'histoire, à la condition d'ajouter l'homme à la création : *Homo adjunctus naturæ.*

Mais c'est surtout à son cœur qu'il emprunte le coloris tendre ou triste des scènes où il esquisse ses figures. C'est son cœur qu'il veut distraire ou réveiller, soit qu'il commence une lettre amoureuse, soit que, dans un transport furieux, il foule aux pieds ce qu'il aime le mieux au monde, la passion qui éclate, toujours violente et insubjugable, dans sa férocité ou dans ses larmes.

THÉODORE DE BANVILLE

'INSPIRATION a marqué son battement d'aile sur ce front verni comme l'ivoire, sur ces tempes aujourd'hui dégarnies de cheveux et presque diaphanes. Le nez étroit, effilé, descendait alors comme une lance sur la vague moustache dessinant la lèvre mince. L'oreille au fond de laquelle est écrit le façonnement du mètre, était faite pour scander le vers. A la fossette malicieuse du menton, la lumière semble se réfracter pour illuminer les joues, et se répandre, ainsi qu'une vapeur, dans les yeux, qui aiment à reconnaître à travers les neiges d'antan, sous le masque des Cydalises, les traits de la beauté plus moderne. Aussi, Banville a-t-il écrit les *Camées parisiens*.

Dans un portrait du temps, le petit col de chemise est rabattu sur la cravate nouée lâche ; les vêtements ne révèlent dans la coupe ni le dandysme de de Vigny, ni la prétention un peu cavalière de Lamartine. « Mon souci est ailleurs, » aurait pu dire, à l'imitation d'Horace, l'auteur des *Ballades joyeuses*.

Chez lui le style, dans sa forme lapidaire, à la recherche voulue des perles exotiques de la langue, laissant deviner un caractère d'écrivain qui s'en ira décrocher les éléments les moins faits en apparence pour s'associer, et qui, du rapprochement des mots, fera jaillir sous ses doigts des effets hardis, étranges, parfois aigus comme lueur, mais toujours riches de trouvaille. Ce que trahissent les plans de cette figure, c'est l'esprit enivré par le rhythme, qui, pour lui, est à la fois son, couleur, vérité, puissance, incarnation de toutes les évolutions artistiques du beau. Le rhythme est la coupe au bord de laquelle Banville vient savourer avec plus d'engouement qu'un autre la rime ambroisienne :

Vierges, dit-elle, enfants baignés de tresses blondes,
Vous dont la lèvre encor n'est pas désaltérée,
Le Rhythme est tout ; c'est lui qui soulève les mondes
Et les porte en chantant dans la plaine éthérée.

Poëtesses, qu'il soit pour vous comme l'écorce
Étroitement unie au tronc même de l'arbre,
Ou comme la ceinture éprise de sa force
Qui dans son mince anneau tient notre flanc de marbre !

Qu'il soit aussi pour vous la coupe souveraine
Où, pour garder l'esprit vivant de l'ancien rite,
Le vin, libre pourtant, prend la forme sereine
Moulée aux siècles d'or sur le sein d'Aphrodite !

Le cercle où, par les lois saintes de la Musique,
Les constellations demeurent suspendues,
N'affaiblit pas l'essor de leur vol magnifique,
Et dans l'immensité les caresse éperdues.

Tel est le Rhythme. Enfants suivez son culte aride,
Livrez-lui le génie en esclaves fidèles,
Car il n'offense pas l'auguste Piéride,
En entravant ses pieds il l'enveloppe d'ailes !

Dans la vieille forêt armoricaine, Théodore de Banville a ramené les dieux détrônés ; il leur a inspiré le plus noble chant d'exil qu'il soit donné à l'homme de faire retentir ; l'homme qui est aussi un Grec détrôné de l'Olympe idéal. Mais le parfum farouche de l'art archaïque, le sauvage parfum mêlé de sang et d'ambre qu'on respire dans les sacrifices antiques, il le laisse à son ami Leconte de Lisle : celui-là aime le monstrueux, l'autre jette dans le port de ses déesses la grâce attendrie, l'attitude fléchissante. L'un sculpterait Ekhidna montrant « à l'entrée de sa grotte pour attirer les hommes, sa tête à la beauté fascinante, ses bras plus blancs que ceux d'Hère, et sa gorge semblable à du marbre de Paros, tandis que dans l'ombre de la caverne elle traîne son ventre squammeux sur les ossements polis comme de l'ivoire des amants délaissés. »

Le second, sans viser à une allure walkyrienne, réalise, à la façon d'un Italien du XVIe siècle, *Pasiphaè, Omphale, Ariadne, Médée, Antiope, Andromède, Hélène,* la *Reine de Saba, Cléopâtre, Hérodiade;* on dirait des nymphes dont les jambes effilées se contournent au bord des vases d'or pour en former les anses, pendant qu'elles renversent leurs têtes en arrière et qu'elles présentent leurs ventres polis, d'un renflement radieux, aux baisers des buveurs.

Dans ses *Exilés* surtout, Théodore de Banville s'enveloppe de fluctuations sonores; il se meut à travers ces scintillements de mots, ces éclairs qui jaillissent des strophes, cet ondoiement de flammes qui courent au front de ses figures. Les vieux granits sculptés des bois redeviennent des dieux charnels, des dieux pleins de jeunesse et de passion, comme au temps où ils se couchaient au bord des sources ; la statue a dormi cent ans, mais la voici qui s'éveille de sa léthargie :

Dans les chemins foulés par la chasse maudite,
Un doux gazon fleuri caresse Hermaphrodite.
Tandis que, ralliant les meutes de la voix,
Artémis court auprès de ses guerrières, vois

Le bel Être est assis auprès d'une fontaine.
Il tressaille à demi dans sa pose incertaine,
En écoutant au loin mourir le son du cor
D'ivoire. Quand le bruit cesse, il écoute encor.
Il songe tristement aux nymphes et soupire,
Et, retenant un cri qui sur sa lèvre expire,
Se penche vers la source où dans un clair bassin
Son torse de jeune homme héroïque, et son sein
De vierge pâlissante au flot pur se reflète,
Et des pleurs font briller ses yeux de violette.

Reprenant les notations abandonnées de la fameuse ballade de Villon, Théodore de Banville a renfermé dans le cadre ancien, le sentiment tout moderne ; il y a enchâssé le rire, la mélodie, la naïve familiarité ; sa ballade à lui, il l'a fait sortir toute juteuse en pressant les raisins du cru gaulois. Chacune de ses trente-six joyeusetés balladantes a résolu le fin et adorable mérite de la ballade bien faite de Villon, « qui semble au lecteur n'avoir coûté aucun effort et avoir jailli comme une fleur. »

Il l'a donc rimée malgré Molière, et fièrement répétée comme Vadius :

Hum ! c'est une ballade, et je veux que tout net
Vous m'en . . . .

Aussi, dans cette recherche des rhythmes oubliés, comme les *Améthystes* viennent gaiement chanter et danser sur de vieilles assonnances construites sous l'inspiration de Ronsard ! Comme le poëte fait résonner les cordes anciennes et crée par des stances de rimes féminines et des rencontres de rimes diverses du même sexe, des vibrations exquises de tendresse ! Il ajoute des grains bénis aux chapelets d'odelettes amoureuses que pressent entre leurs doigts blancs toutes les héroïnes de beauté, depuis la noble fileuse de laine du donjon, jusqu'à la Parisienne qui boit sur ses lèvres le sonnet d'Arsène Houssaye. L'auteur des *Poëmes antiques* et l'auteur des *Exilés* ont répondu plus que jamais victorieusement à cette inscription trouvée sur une stèle : « Zeus ne tonnera plus ; il est mort depuis longtemps. » Zeus est toujours debout cependant, réfléchissant dans ses «vagues prunelles » toutes les mornes sérénités de l'espace, debout dans les peintures de Baudry, debout dans les poëmes de Leconte de Lisle, d'une orthodoxie plus rigide que ne l'a jamais été peut-être un initié d'Eleusis, d'un caractère aussi accusé que les cannelures du vêtement de l'Athèné Eginétique. Et si les dieux sont encore debout avec tout ce que nous avons fait pour les proscrire, c'est que ce qui touche au monde païen est inviolable, puisque c'est vers lui qu'on va toujours chercher celle que Banville a nommée :

> Monstre inspiration, dédaigneuse chimère.

Le côté démoniaque de l'humanité, le côté désespéré, l'ultra-souffrance, c'est ce que le romantisme a rendu dans les teintes les plus hautes. Chacun porte en soi son instinct diabolique qui lui grossit sa part de damnation ; le pervertissement naturel qu'on a dans l'âme remue chez l'artiste des mondes d'une impression troublante : la haine des hommes en est un des incidents. La mélancolie, le découragement sont d'ailleurs des sentiments tout modernes dont l'expression poussée en véhémence, atteint le suprême de l'ironie et les sifflements aigus de la douleur. De même que dans la nature la désharmonie des éléments en déroute, crée des effets de dissonance merveilleux ; la partie blasphématoire de la vie humaine se trouve interprétée dans le déchirement, dans les imprécations dont l'écrivain charge ses tableaux ; c'est ce cri des affolés qui se vengent comme ils peuvent en nous montrant les bancs de pourriture contre lesquels nous sommes destinés à sombrer ; c'est ce même cri qui a édifié le pamphlétarisme littéraire à côté du bénissage des plumassiers bourgeois, enchantés de peindre le monde des heureux. Sans ce curage des latrines sociales que les naturalistes se décident à inaugurer, nous aurions à nous promener dans la douce idéalité du roman à la Feuillet. Mais entre ces deux oppositions de genre, il existe des organisations qui savent n'emprunter à l'art que « ce qui est beau, grand, rhythmique ; » s'ils entreprenaient d'exprimer à leur tour l'affolante énergie de la passion contemporaine, ils l'enfermeraient dans une ampleur de ligne, dans une puissance et une richesse de plasticisme qui entraîneraient par la largeur du courant et l'effective attraction de la forme.

Tel se montre Théodore de Banville, dès

l'apparition des *Cariatides*. Aussi, l'auteur des *Fleurs du mal*, a-t-il pu dire dans la notice qu'il lui a consacrée « que, dans ses vers, tout a un air de fête, d'innocence et même de volupté. Sa poésie n'est pas seulement un regret, une nostalgie, elle est même un retour très volontaire, vers l'état paradisiaque. A ce point de vue, ajoute-t-il, nous pouvons le considérer comme un original de la nature la plus courageuse. En pleine atmosphère satanique, il a l'audace de chanter la bonté des dieux et d'être un parfait classique. Je veux que ce mot soit entendu dans le sens le plus noble, dans le sens vraiment historique. »

C'est pourquoi, à ces impeccables qui, trouvant la poésie épuisée par sa longue route, lui disent : — Voyons, fais-toi libérale : habille-toi d'une robe plus moderne ; ta nudité nous effraie, ma chère ; célèbre en même temps celui qui a fui à Pharsale et la religion qui a sacré César ; laisse là ton cothurne et ton rêve, si, pendant quelques jours, tu veux te nourrir de pain blanc. — Elle répond, la fière dominatrice du monde : — Gardez vos conseils, je n'ai pas besoin d'être entretenue aux frais de l'État, ce qui me donnerait quelque chose de commun avec les oies du Capitole ; je ne puis exhaler mes dithyrambes sur un christ toujours sanglant dont ma lèvre de marbre se retire avec dégout. Mon dieu, c'est Phoïbos à l'arc d'argent; ma vierge, c'est Artémis qui rugit d'amour sous sa cuirasse de virginité; mon larcin, c'est d'aller quelquefois sous la conduite d'Hermès, ravir.— pour les offrir ensuite à vos yeux éblouis,— les trésors sacrés, les statues divines du temple de Delphes.

LES PEINTRES DE LA COULEUR ET DU SENTIMENT

ARY SCHEFFER, DEVERIA, BOULANGER, DECAMPS, MARILHAT, DIAZ, THÉODORE ROUSSEAU, JULES DUPRÉ, COROT.

'est à l'époque romantique que nous le devons, si nous conservons encore un peu d'énergie et de fulgurance dans les luttes artistiques; si nous donnons à l'apparition d'un nom nouveau en face d'un nom ancien, la vigueur et les proportions d'un antagonisme? En peinture et en poésie, elle nous a repétri sur toutes les faces avec sept poignées de limon: l'audace des pensées, la

haine du gris, la furie du mouvement, le retour à la renaissance et au moyen âge, le choc des effets, la recherche, la passion de la personnalité, la brutalité des moyens à la place de la correction froide. Et, s'il faut toujours remonter à cette époque, c'est que, sans elle, nous serions aujourd'hui des êtres atones nageant péniblement dans les tons d'asphalte, teinte chocolat ou vert gris huileux, qui viendraient s'étaler sur des toiles d'un reflet phthisique de bon ton, là où réapparaissent effrontément chaque année au Salon le jaune et le rouge. Le romantisme a pour jamais partagé le monde en deux parties : les flamboyants et les grisâtres. La séparation est faite et il n'y a plus à y revenir.

« Ces bœufs verront du rouge et entendront des vers d'Hugo, » clamait-on au temps de Delacroix et d'Hernani. Ces bœufs ont continué de mugir en face de la couleur, mais les chefs de file ont engagé le feu et le terrain leur est resté.

Deveria, Delacroix, Boulanger, Decamps, Roqueplan, Paul Huet, Théodore Rousseau, Diaz, entraient alors dans la lice, emmenant avec eux ce poëte, ce chercheur qui nous a quittés trop tôt, Ary Scheffer, qui réalisait avec l'œuvre byronienne ce que Delacroix interprétait d'après Dante et Gœthe. Ce qui ne nous surprend plus, aujourd'hui que nous sommes habitués à voir naître en couleur la décomposition des éléments en furie, terrifiait à l'époque où apparaissait le *Giaour*, d'Ary Scheffer, selon cette description du poëme dont on doit se souvenir : «Enveloppé de sa robe flottante, il s'avance lentement le long des piliers de la nef : on le regarde avec terreur, et lui, il contemple d'un air sombre les rites sacrés ; mais quand l'hymne pieux ébranle le chœur, voyez-le sous ce porche qu'éclaire une torche lugubre et vacillante ; là il s'arrête jusqu'à ce que les chants aient cessé, il entend la prière, mais sans y prendre part ; voyez-le près de cette muraille à demi éclairée ; il a rejeté son capuchon en arrière ; les boucles de sa noire chevelure retombent en désordre sur son front pâle qu'on dirait entouré des serpents les plus noirs dont la Gorgone ait jamais ceint sa tête, car il a refusé de prononcer les vœux du couvent et laisse croître ses cheveux mondains.»

La grâce altière de Delacroix, la soudaineté du geste dans ses personnages se révélaient, chez Ary Scheffer, par une allure plus poétique, un sentiment plus suave et plus tendre, plus de mystère dans l'expression ; *Eberhart le Larmoyeur* appartient à sa première manière, celle où il ne se préoccupe pas d'arrêter, de préciser le dessin au point d'être sec et anguleux.

A cette première époque remonte le fameux tableau des *Femmes Souliotes*, qui trahissait les aspirations d'un coloriste, quoique ce fût cependant une pure imitation de Delacroix, amoindrie et amollie. Avant Delacroix, Scheffer avait imité Géricault et Vernet. Plus tard, il n'est guère possible de discuter techniquement des créations où l'anatomie disparaît sous les vêtements à longs plis droits ; les têtes seules, comme dans le groupe de saint-Augustin et de sainte Monique, ont une expression de grandeur nostalgique, de sérénité contemplative, où le peintre s'entête si bien à quintessencier, à idéaliser la forme, qu'il ne lui en restera bientôt presque plus. Les figures sont empreintes d'un caractère de beauté languissante, où se réflète tout le génie mélancolique de Scheffer ; il médite son œuvre plutôt qu'il ne l'écrit texturalement sur la toile ; c'est un penseur chez lequel la méditation a tué la fougue de la brosse. Quand il peint le *Larmoyeur*, il prodigue les bitumes, il revient sur les plans déjà superposés avec une couleur très-compacte et très-nourrie, il arrive à la solidité et à l'épaisseur ; mais au lendemain de cette courte période, il transforme ses types et il est difficile de le reconnaître. Il mérite l'apostrophe de Baudelaire, qui prétend que ses tableaux conviennent aux femmes ascétiques qui se vengent de leurs flueurs blanches en faisant de la musique d'église. A ce moment, chercher dans ses figures une réalité absolue serait un tort. On dirait qu'elles ne sont éclairées que par la lampe intérieure de l'esprit, qui, de l'imagination du peintre, se reflèterait sur elles; la vie matérielle recule en quelque sorte devant la vie de l'âme. Il n'en reste pas moins un romantique à outrance, dans la véritable acception du mot. Jamais pensée plus intime ne rayonna dans une conception sous les suaves pâleurs, les lumières savamment brisées dans lesquelles il noie les physionomies de ses Marguerite et de ses Mignon. «Ce qui le distinguait de ses rivaux, plus exclusivement peintres que lui, dit un de ceux qui l'ont le mieux connu, c'est qu'il ne prenait pas la palette, excité d'une façon directe par le spectacle des choses ; il semblait s'échauffer par la lecture des poëtes et chercher ensuite des formes pour exprimer son impression littéraire ; au lieu de regarder la nature en face, il la contemplait réfléchie dans un chef-d'œuvre. Il voyait avec l'œil de la vision intérieure, Marguerite passer à travers le drame de *Faust*; il ne l'eût peut-être pas remarquée au détour d'une rue ; ce défaut, si c'en est un, concordait trop avec la passion d'un jeune public ivre de la lecture des poëtes, pour ne pas avoir été compté comme un mérite à l'artiste qui réalisait des types chers à tous. » C'était, a-t-on dit de sa Marguerite, « l'ombre d'une ombre. » Les lignes agrandies, simplifiées, plus allongées que ne le comporte la réalité, n'indiquent qu'une préoccupation unique : l'idée, ce qui laisse deviner parfois en lui de l'indécision ; et, malgré soi on pense à ce que Gœthe appellait les *couleurs psychologiques*, quand il écrivait : « Notre œil a ses couleurs comme le monde extérieur. » En effet, le *Christ consolateur* d'Ary Scheffer, est d'un cachet métaphysique, où, selon les analystes des tableaux de 1837, le manque de clarté et d'accent ne résultait que de l'ordre des pensées dont il était difficile de rendre les nuances si complexes et si indéterminées, avec des surfaces et des couleurs.

Au salon de 1827, Devéria donnait sa *Naissance de Henri IV*, qui révélait une imitation de Véronèse; Louis Boulanger, son *Mazeppa*. Boulanger se montrait plus mouvementé et plus inspiré d'un souffle original. Devéria, il faut l'avouer, pastichait Delacroix, comme Scheffer, — nous le rappelons — l'avait pastiché aussi avec ses *Souliotes* qui n'étaient qu'un reflet du *Massacre de Scio*. Tous copiaient plus ou moins celui qui traduisait l'antique à la façon de Shakespeare ou de Byron en créant des personnages « de la race des statues antiques, mais dérangées de leurs poses et de leurs plis, jetées du piédestal dans la vie, agitées de notre sang et de nos émotions. »

La crise se dessinait très-tranchante entre les deux partis; les uns ne craignaient pas de flétrir du nom de *tartouillade* les compositions des nouveaux venus qui entraient franchement dans la voie passionnée de l'auteur de *Dante et Virgile*, et finissaient par adopter un genre de sujets anecdotiques qui, peu à peu, les entraînait à n'offrir que des toiles faites pour se prêter à la lithographie, dont on abusait, et à la gravure anglaise. Il y en avait qui se croyaient originaux parce qu'ils allaient aux mêmes sources, et demandaient aux sujets modernes qui se comprenaient plus facilement, de quoi captiver les acheteurs. Ceux-là sont restés. Les autres doutèrent d'eux-mêmes. Boulanger, après son *Mazeppa*, sa *Ronde du Sabbat*, sa *Saint-Barthélemy*, son *Triomphe de Pétrarque*, son *Renaud dans les jardins d'Armide* se mit à chercher le style, « cette maladie qui prend les peintres à l'âge critique, et les fait rougir des audaces de la jeunesse. » Devéria s'abandonna à la lithographie. Ary Scheffer se perdit dans un spiritualisme nuageux toujours hésitant entre l'idée et l'expression. Paul Delaroche, qui, n'a été que le Casimir Delavigne du romantisme, un vulgarisateur, un des mille et un Timothée Trimm de la peinture, survécut.

A qui devons-nous de posséder aujourd'hui Dubuffe, Pommayrac, Pérignon et tous ces portraitistes bons à imaginer des dessus de boîte chez Siraudin? A qui devons-nous cette propreté minutieuse de la palette, cette série de portraits et de compositions bien nets et bien luisants où les vernis collent les accessoires comme du cosmétique, épreuves photographiques à force d'être exactes dans les détails, peinture honnête, laborieuse, faite pour l'édification des mères de familles et des pensionnats de *jeunes demoiselles*, à qui si ce n'est à Paul Delaroche, venu juste à son heure pour rassurer la bourgeoisie effarée du progrès des hordes romantiques? Delaroche remplit à l'égard du romantisme le même rôle que sainte Geneviève, la patronne de Paris, auprès du terrible Attila. Il le contraignit à suspendre sa marche révolutionnaire, émoussa ses griffes léonines, lui donna une allure tranquille, flatta ses aspirations au pittoresque pour mieux le dompter; on avait crié au barbarisme en face de ces touches heurtées, de cette incohérence de teintes, de cette sauvagerie tonale qui allait hardiment au but, dédaignait le trait net et pur, et toutes les flagorneries que les peintres de chevalet prodiguent à leurs toiles; Paul Delaroche s'empressa de prendre des sujets bien équilibrés, «sorte de pont neuf, rhythmé comme une contredanse.» Les amoureux du *léché* et du *fignolé* tressaillirent d'aise lorsque vinrent les *Enfants d'Edouard*, la *Mort d'Elisabeth*, *Lord Strafford mar-*

chant au supplice, les *Joies d'une mère*, la *Reine Marie-Antoinette à la Conciergerie*, et tout ce qui constitue aujourd'hui un des éléments de vente les plus importants des marchands d'estampes.

Qu'est-ce donc qui fit le succès de Delaroche? C'est qu'en France le sentiment plastique n'existe presque pas, « le beau par lui-même y intéresse peu, » assurait Gautier. « Devant un torse grec, sans tête, sans bras et sans jambes, qui chante l'hymne de la forme pure dans sa muette langue de marbre, la foule passe froide et distraite, pour s'amasser devant une toile dont l'explication tient une page de petit texte dans la brochure du Salon. Au fond, ajoute-t-il, la ligne de Ingres déplait autant que la couleur de Delacroix. » Delaroche, en entassant toutes ces décapitations, tous ces incidents funèbres, tous ces effets de cinquième acte, costumes, décors, faisait frissonner son public en lui bâtissant un drame dans chacune de ses compositions ; il était le Walter Scott de la peinture et s'emparait de toutes les têtes. Impossible, dans son *Napoléon à Fontainebleau*, de résister à la séduction qu'exerçaient les bottes maculées de boue de l'empereur. Le billot que Jeanne

Grey cherche à toucher de ses mains tremblantes causait du délire ; jamais succès de mise en scène ne fut porté plus haut ; jamais la chute du rideau de la Porte-Saint-Martin ne vit demander l'auteur avec plus de trépignements, par ce même public qui applaudit *l'Honneur et l'argent* pour siffler *les Erynnies*. Sortez des toiles de Delaroche les objets qui ont frappé la fibre philistine, et vous y trouverez d'abord ceux qui sont faits en trompe-l'œil : la hache destinée à trancher dans un instant la tête de Jeanne Grey, le satin de sa robe, le maillot violet du bourreau, la paille amoncelée sur l'échafaud, d'une réalité à faire pâmer d'aise, l'oreiller recouvert de fine batiste sur lequel se détache la figure moribonde d'Élisabeth, les vêtements perpétuellement neufs ; en un mot, tout ce qui aide à couvrir la pauvreté de l'idée, tout ce qui justifie cette parole que rappelait Gustave Planche : « Ce qu'il faut à la multitude, c'est la médiocrité de premier ordre. » Ce n'est point en habillant de petites maquettes, en les ajustant à chaque coin d'une toile, en les groupant dans l'expression d'un fait anecdotique, que Delaroche pouvait dépasser les qualités d'un amuseur ordinaire. A tenter de pacifier ou de fondre les doctrines opposées dans l'esthétique, on n'arrive qu'à un compromis qui l'abaisse. L'éclectisme est une paresse ou une lâcheté; mieux vaut se cramponner en désespéré à la tradition ou se décider à l'interprétation robuste de la passion et du mouvement. La beauté conventionnelle de la forme maintient le peintre près de l'idéal; le déchirement des vieux moules l'entraîne à chercher avant tout la vérité, la puissance de l'expression dans l'art; mais au moins chacune de ces deux causes a sa grandeur; elles se combattront au nom d'un principe, pendant qu'à vouloir les concilier on n'est qu'un transfuge.

Réchauffons-nous avec la verve et la couleur de Decamps.

Dès ses débuts, il s'était éloigné franchement des poncifs académiques; son *Hopital des galeux*, *l'Ane et les chiens savants*, sa *Patrouille turque*, avaient révélé une vigueur d'exécution, une profondeur de trait d'où ressortait une originalité pleine de pénétration malicieuse. Nous n'aurions pas besoin d'autre preuve que cette composition intitulée: *les Experts*, qui représente des chiens poussifs habillés de défroques bourgeoises, regardant, scrutant un tableau comme on étudie un cas de criminalité. Ses scènes orientales, d'une transparence et d'une harmonie qu'on n'avait jusque-là cherché que dans l'interprétation de la campagne romaine, se trouvaient transportées dans une nature souvent énigmatique pour les peintres. Son *Joseph vendu par ses frères* n'avait été que l'occasion de jeter quelques figures dans ce cadre d'une profondeur si lumineuse qu'elle paraît prolonger l'étendue de la scène, au point que le ressort de l'action humaine n'a plus qu'un intérêt secondaire en face de la grandiosité du paysage syrien.

Chacun des romantiques avait alors une patrie intellectuelle, comme l'a remarqué Gautier, qu'aucun ne peut nier aujourd'hui. Lamartine, Alfred de Musset et de Vigny étaient Anglais, comme Delacroix Anglo-Hindou; Ingres relevait de l'Italie, de Rome ou de Florence; Pradier, de la Grèce; Dumas montrait le créole; Chasseriau, ajoutait-il, était un Pélasge du temps d'Orphée; Diaz devait être, ainsi que Marilhat, un Arabe syrien, ce qui ne l'empêchait pas d'imiter, aux salons de 1837 et 1846, Prudhon, Corrége ou le Parmesan. Chez Decamps se dévoilait le Turc de l'Asie-Mineure, mais Decamps était aussi un Français par l'esprit et par le tour, il ne copiait aucun de ses contemporains; en soulignant l'accent dans le geste, il touchait parfois au caricatural; mais cette bizarrerie forçait le mouvement afin de l'accuser davantage. Gustave Planche, qui l'aimait, se contentait de lui objecter que, « avec l'habitude de *silhouetter* ses acteurs sur une muraille blanche ou un terrain clair, on anéantit l'espace où ils se meuvent, on ôte l'air qu'ils respirent. » Cependant l'effet était en vain amené sans cause logique, la réalisation n'en était pas moins saisissante, et, dans la *Bataille des Cimbres*, l'armée des critiques, si divergente lorsqu'il s'agissait de la nouvelle école, à propos de l'absence du premier plan, prétendait qu'il n'y avait qu'à approuver la disposition de la scène en tous points, « parce que, dans la toile de Decamps, le héros ne s'appelle ni Marius ni le chef des Cimbres : le héros c'est la foule, et pour la foule il n'y a pas de premier plan. » Avec son *Don Quichotte*, Decamps pousse plus loin l'individualisme du genre ; la grande figure ossorale.

légendaire se découpe sur le fond des rochers blanchâtres, mélange du fantastique et du réel ; il y a là une soudaineté de jeu, une vibration qui atteint aux œuvres les plus robustes qu'on puisse trouver chez les Espagnols ou chez les Flamands. Le *Rêve des Turcs*, cette page de l'Orient moderne, où, dans leur voluptueuse langueur, se modèlent les têtes enivrées de haschich, est plus précise, plus vivante, en son interprétation, que les scènes bibliques, pour lesquelles Decamps n'avait qu'un goût médiocre, et où il traduisait surtout les mœurs arabes actuelles, non l'existence patriarcale. Et comme les ombres portées dorment paresseuses entre les plis mous des burnous et des turbans ! comme les noirs sont brillants et enveloppent les personnages dans leur transparente acuité !

L'Italie était donc restée à Léopold Robert, à l'égard duquel les romantiques ressentaient une certaine froideur, prétendant que sa composition des *Moissonneurs* affectait trop la superposition pyramidale, que cela rappelait encore de loin la récente convention, le théâtral, quoique cependant les types n'y étaient plus copiés d'après le marbre, mais réellement d'après les paysans romains. On ne se rendait alors pas très-bien compte, que ces cantadins errants dans les campagnes de Rome, portaient en eux la correction des lignes, la mâle simplicité du geste, et qu'en en exprimant l'impérieuse allure on n'était point pour cela dans les voies académiques. L'Italie, qu'Alexandre Dumas « a vu en romancier, Gautier, en peintre, Arsène Houssaye en poëte, Alfred de Musset en amoureux qui chante des ballades, » allait céder le pas à l'Orient, peut-être un peu parce qu'elle était le cadre nécessaire, inévitable du paysage historique qu'on fuyait. Les lettres de Marilhat dévoilent ce mouvement, cette nostalgie qui, s'emparant de la jeune génération, avait entrainé Decamps et plus tard Fromentin vers cette contrée dont l'éblouissement ne cessait jamais pour eux. « Ici tout est grand, haut, sublime, » s'écriait l'auteur de la place de l'*Esbekieh au Caire*, « mais tout est aride ; c'est dénudé de végétation, encore plus pelé et plus monotone que les vastes bruyères de nos montagnes. Ici toute la végétation semble avoir été comme brûlée et réduite en cendres, sans perdre sa forme, par le souffle empesté d'un mauvais génie. La seule variation montre des chemins étroits et tortueux, taillés sur une base de craie blanche ou quelques éboulements de terrain, comme si la nature n'y était pas encore assez nue et qu'on ait voulu lui arracher par force son dernier vêtement en lambeaux. Partout la même misère. Quand ce ne sont pas des bruyères, des chardons, ce sont des pierres tombées comme la grêle et qui ont sablé ces vastes contrées d'une teinte uniformément gris-noir, comme la peau raboteuse d'un crapaud; toujours une ligne droite ou régulièrement ondulée de collines arides; quelquefois dans le lointain les pins majestueux et nus du Liban, comme un gigantesque squelette qui paraîtrait à l'horizon; toujours un ciel pur et d'un azur foncé vers le haut; vers le bas, d'un ton lourd et écrasant, plus terreux et plus livide à mesure qu'on approche davantage du désert. Qu'on se figure, au milieu de cette désolation, trois ou quatre mille chameaux blancs, roux et noirs, mangeant gravement les herbes sèches, et dispersés dans la plaine comme autant de petites taches; un camp de bédouins composé de vingt ou trente tentes noires, toutes noires, en poil de chameau, agglomérées sans ordre ; quelques femmes ayant pour tout vêtement une chemise bleue et une ceinture en cuir, recouvertes d'un manteau en laine à trois larges raies bleues du haut en bas, la tête enveloppée d'un mouchoir de soie jaune et entourée d'une corde en poil de chameau. C'est là l'habitant de la partie déserte de la Syrie et de la Judée. »

Celui qui écrivait ces pages et qui possédait, selon ses confrères, des prunelles d'épervier tant elles paraissaient profondes, une physionomie « d'icoglan ou de zebek », appartenait à cette légion des robustes et des intransigeants qui avaient dans leurs veines, raconte Théophile Gautier, « du sang de ces Sarrasins que Charles Martel n'a pas tous tués. »

C'est dans cette bande de forcenés qui se grisaient avec du clair-obscur qu'apparaissait Narcisse Ruy de la Pena, qui a signé sous le nom de Diaz des œuvres d'une originalité si intense. Cette syllabe tracée au bas d'une toile, miroite à l'imagination comme une topaze ou une émeraude. Les mots n'ont-ils pas leur contexture, leur fantasmagorie ? Les *Bohémiens se rendant à une fête*, le *Harem*, la *Léda*, les *Délaissées* enlevèrent avec rapidité cette réputation d'un artiste qui débutait comme fantaisiste, et chez lequel le *Journal des Débats* reconnaissait, par l'organe de Delécluze, « que ces bohémiens, hommes, femmes, enfants, bêtes et gens étaient si brillants de couleur qu'on croyait voir couler au fond de ce ravin obscur un ruisseau de diamants et de rubis. » C'est l'Arioste pour l'imprévu et le caprice de la forme. Il écrit le roman vénitien, ce qui ne l'empêche point d'être français quand il peint la forêt de Fontainebleau. D'où naît la lumière dans ces feuillées ? Qui est-ce qui parsème l'air d'une poussière nacrée ? Qui est-ce qui met à la fois l'invention et la réalité sur la toile ? Peu importe ; mais cela chante, bruit, palpite, siffle, frémit, craque ; cela est prêt à blémir sous le vent. Quel que soit le procédé qui prolonge les échos de soleil moelleux et dorés sur les chemins, le rendu y est irrésistible de justesse et de magie ; les figures sont plutôt faites pour être devinées, achevées par le sentiment, qu'elles ne sont dessinées ; cette poésie devient vérité à force de précision dans les tons. Si Diaz arrêtait davantage ses contours, s'il sacrifiait plus à l'étude et à la tournure de la composition, ce ne serait point le même peintre que celui qui nous a légué les *Gorges d'Apremont*, où les ombres portées arrivent on ne sait d'où, mais où le fondu et le fuyant viennent jouer dans l'embrasement de sa palette méridionale.

En même temps que Diaz descendait vers le bas préau, Théodore Rousseau, Jules Dupré, Corot, partaient dans la forêt de Fontainebleau et poussaient jusqu'en Normandie. Mais il fallait être doué d'un tempérament de granit pour résister aux exécutions du jury qui n'entendait rien à cette campagne d'un rendu âpre, à ces terrains culottés, à cette fameuse *Allée de Châtaigniers*, dont le tableau fut acheté par Kalil Bey. Le jury reculait d'horreur tous les ans en présence de cette tenacité à donner de la peinture solide comme des chênes, imprégnée de la montante odeur des vaches, plate ou accidentée, naïve dans sa force ou majesteuse, mais d'une sincérité débordant d'effort, d'une véhémence, d'une témérité de brosse qui mettait le classicisme hors de lui.

Théodore Rousseau n'adoptait pas en chacune de ses toiles cette uniformité de réalisation qui consiste à introduire partout le même *faire*. Tantôt il indiquait par des frottis, tantôt il employait les surabondances de pâte ; aujourd'hui, lorsqu'on observe l'ensemble de ses études, certains paysages sont finis, d'autres accusent, en une simple esquisse traitée largement, l'énergie de la volonté. Dans un but unique, il a une variété d'allure pleine de charme, mais où le culte de sa forêt survit à tout autre. Le chêne de Fontainebleau est celui dont il a fait son observation dominante, qui lui a tout révélé comme attitude, lumière, foyer, et qu'il institue le nœud central de ses tableaux. La recherche de la localité, de l'expression juste pour chacune des parties constituant une œuvre, restait sa préoccupation constante ; aussi était-il parvenu, à se rendre complètement maître de sa main, à donner à toute chose, mousse, rocher, champ ou forêt, son cachet de race, sa physionomie à part, ne permettant pas à un objet fait pour n'occuper qu'un rang secondaire de l'emporter sur un autre. Mais il se présenta chez lui alors un phénomène, comme chez tous les poëtes habitués à vivre intimement de la vie rustique au point de communiquer à la matière un rôle raisonné ; « il semble regarder la création, dit un de ses commentateurs, comme une âme agissante, souffrante et consciente d'elle-même, animée de sentiments et de passions qui se manifestent aussi bien dans la moindre parcelle que dans l'universalité des choses, dans la plus petite plante que dans le chêne le plus gigantesque, dans le plus insaisissable grain de sable que dans la roche la plus colossale. Convaincu que rien dans la nature n'est inutile ou indifférent, que tout y a sa raison d'être, ou exerce une action, il crut que chaque chose, si infime soit-elle, a une signification particulière, pittoresque ou esthétique, il s'appliqua à découvrir celle-ci, il s'efforça de la mettre en évidence, et plus d'une fois il oublia qu'on doit en art se résoudre à quelques sacrifices quand on veut charmer ou émouvoir. Il en vint même à penser que tous les spectacles offerts par la nature sont du domaine de l'art, et dans son respect quasi religieux pour tout ce qui émane de cette puissance mystérieuse, il tenta de représenter à la fois sur une même toile et l'infiniment petit et l'infiniment grand. Son entreprise, conçue en dehors des vraies conditions de la peinture, était chimérique. Malgré son goût de l'exactitude, qui était presque dégénéré en manie, malgré sa rare habileté technique, il échoua. » Et cependant *l'Inondation à Saint-Cloud, le Bois de la Haye, les Ruines du château de Pierrefonds* sont les traits saillants d'un groupe où Rousseau s'est renfermé avec plus de grandeur et de supériorité qu'il n'en eût eu jamais jusque-là.

Jules Dupré ne possédait pas cette puissance; mais, élève de Flers, auquel il avait demandé le charme, la délicatesse, la grâce, la finesse et l'élégance, il jetait une poésie merveilleuse sur ce qu'il touchait; moins magistral que Rousseau, il était plus tendre, plus intime, et son coloris vibrait sous des cieux clairs à travers des massifs découpés. Un de ses paysages de Normandie, que nous avons sous les yeux, reflète sur les plans secondaires un mirage de clarté qui remplit les fonds d'une éblouissante profondeur. Il n'est guère possible d'avoir plus de dilatation lumineuse dans la perspective aérienne.

Craignant toujours de viser à l'effet ou de paraître faire la moindre concession au jury, ou de se laisser influencer par les colorations à la Poussin, l'ensemble des jeunes paysagistes exagérés dans un parti-pris à leur manière, affectait de rester en France et même de s'éloigner des contrées méridionales. Corot, cependant, avait emporté d'Italie des esquisses qui ne sont plus maintenant que dans le souvenir des romantiques ayant habité l'appartement de la rue du Doyenné, qu'Arsène Houssaye a consacré :

Théo, te souviens-tu de ces vertes saisons,
Qui s'effeuillaient si vite en ces vieilles maisons
Dont le front s'abritait sous une aile du Louvre ?
Levons avec Rogier le voile qui les couvre,
Reprenons dans nos cœurs les trésors enfouis,
Plongeons dans le passé nos regards éblouis.

Replaçons le sofa sous les tableaux flamands ;
Dispersons à nos pieds gazettes et romans ;
Ornons le vieux bahut de vieilles porcelaines,
Et faisons refleurir roses et marjolaines ;
Qu'un rideau de lampas ombrage encor ces lits
Où nos jeunes amours se sont ensevelis.

Appendons au beau jour le miroir de Venise :
Ne te semble-t-il point y voir la Cydalise,
Respirant un lilas qui jouait dans sa main,
Et pressentant déjà le triste lendemain ?
Entr'ouvrons la fenêtre où fleurit la jacinthe,
Il m'en reste une encor, relique trois fois sainte !...

Ne respires-tu pas dans ces vagues parfums
Les doux ressouvenirs de nos amours défunts ?
Retournons un instant à la plus belle année,

Traînons le sofa vert devant la cheminée ;
Prenons un manuscrit pour rallumer le feu,
Appelons nos deux chats et devisons un peu :

Ourliac, gai convive, arrivait en chantant
Ces chansons de Bagdad que Beauvoir aimait tant.
Tu l'écoutais, l'esprit perdu dans les ténèbres,
Cherchant à ressaisir les images funèbres
De celle que la mort sur son pâle cheval,
Emporta dans la tombe un soir de carnaval,

Voici l'heure où venaient reprendre leur palette
Nos peintres, pinceaux d'or, mais touche violette,
Delacroix, Boulanger, Deveria, Roqueplan,
Marilhat et Nanteuil. Le salon or et blanc
Fut bientôt illustré des œuvres romantiques.
Nous avions des beautés de vingt ans pour antiques.

« Nous étions jeunes, toujours gais quelquefois riches, » s'écriait Gérard, qui, un jour, avait pu arracher aux démolisseurs de l'hôtel les boiseries du salon, peintes par des camarades, et dans lesquelles se trouvaient ces mêmes panneaux longs de Corot, accompagnés « des dessus de portes de Nanteuil, du *Watteau* de Vattier, du *Moine rouge* de Chatillon lisant la bible sur la hanche cambrée d'une femme nue qui dort, des *Bacchantes* de Chasseriau, qui tiennent des tigres en laisse comme des chiens, des deux trumeaux de Rogier, où la

Cydalise en costume régence — en robe de taffetas feuille morte, — triste présage, — sourit de ses yeux chinois, en respirant une rose, en face du portrait en pied de Théophile, vêtu à l'espagnole. »

Où sont maintenant les panneaux dont il est question ? Corot est parti le dernier, il est parti vers le sentier où Dante s'engage avec Virgile pour aller au pays d'où l'on ne revient pas. Ce crépuscule qu'il a répandu sur la création nous apparaît aujourd'hui semblable au prélude de l'éternelle nuit où il est descendu. L'ombre qui, dans ses paysages, dessine un ourlet funèbre au bord des bleus du ciel, il aimait à en laisser deviner la présence mystérieuse, comme quelque chose qui avertit que la mort n'est pas loin. Les figures qu'il fait intervenir dans ses compositions légères, telles qu'une feuille que le vent emporte, rappellent ce que Paul de Saint-Victor disait des héroïnes de Gérard de Nerval: « l'impondérable légèreté de leur démarche trahit leur surnaturelle origine, Elles vous apparaissent baignées et flottantes dans le fluide diaphane de l'évocation magnétique. » Chez Corot, ces nymphes, formées de tièdes vapeurs condensées, s'enlaçant de leurs bras d'ombre, ne sont-elles pas de vagues réminiscences des bois sacrés ? C'est surtout à propos de lui qu'il était absurde de prétendre que les romantiques s'écartaient de l'antiquité en ce qu'ils rompaient avec les traditions académiques; l'idylle grecque est reparue dans les œuvres de ce peintre sorti de la phalange de 1830, qui fut aussi un olympien, tout en offrant le point de départ le plus opposé au contour accusé et à la précision poussinesque. Les dieux exilés, chantés par Banville, sont revenus hanter les soirs mystiques réalisés de la main de Corot, et il semble qu'on respire sur ses toiles le parfum de l'ambroisie :

Un grand souffle éperdu murmure dans les airs;
Une lueur vermeille au fond de ces déserts
Grandit, mystérieuse et sainte avant-courrière,
O vastes cieux ! et là, marchant dans la clairière,
Luttant de clarté sombre avec le jour douteux,
Meurtris, blessés, mourants, sublimes, ce sont eux,
Eux, les grands exilés, les dieux. . . . .

Est-ce à l'Italie que Corot a emprunté l'élévation de style qui caractérise la sincérité d'expression avec laquelle il interprète le moindre sentier ? Sans doute ce voyage de jeunesse eut une énergique influence sur lui, en ce qu'il en remporta l'élégance, l'harmonie dans la disposition des terrains; mais cela ne lui donna pas l'idée de simplifier les lignes ni d'agrandir les masses; il ne renia point le feuillet révolutionnaire de l'école nouvelle, mais il mit une intention, un sentiment si personnel dans ses effets, qu'il fut goûté malgré les mécontentements qu'excitaient chez les romantiques plusieurs de ses pastorales. Thoré appela le *Jeune Berger jouant avec sa chèvre* « une idylle un peu blême. » Cependant Corot s'approchait de la nature; il trouvait la note juste, tout en enveloppant ce qu'il touchait, d'un courant voluptueux, d'une tendresse toute païenne. Jamais l'âme humaine ne s'était révélée avec plus de suave abandon, d'adorables extases, et c'est à lui que le mot d'Arsène Houssaye s'applique avec le plus de justesse: « Pour les amoureux, la terre tourne dans le ciel, pour les autres elle tourne dans le vide. » Comme dans la *Symphonie des vingt ans*, cette œuvre qu'on n'écrira plus après l'auteur des *Cent et un sonnets*, tous deux ont la même muse, la solitude qui les entraîne.

Les tableaux de Corot sont l'apocalypse de l'amour, la courbe des arbres y prend des inflexions plus langoureuses qu'ailleurs, les sérénités presque blanchâtres des fonds ont toujours l'air de se rapprocher pour essayer de donner les formes indécises d'un torse de femme. Il est de la famille des Uhland et des Burger, « de ces poëtes qui semblent n'avoir réalisé les bois et les prés que pour montrer le sol piétiné par les nymphes. » Ce chercheur, qui ne paraît s'adresser qu'aux méditatifs, portait cependant en lui un cachet de vie robuste; son front coupé de larges rides, ses tempes aux veines énormes, les carnations du visage et des mains rugueuses, ses cheveux mêlés ainsi que des filaments, révélaient l'habitude des campements au grand soleil; sur sa tête une large casquette sans visière, « aplatie comme une feuille. » Ce gai bohémien des champs, sifflotant tout bas en face de sa toile posée sur son fameux chevalet qui bougeait toujours, n'a jamais eu pour celui qui le connaissait cette enveloppe vulgaire qu'on lui a conservée. Le regard net, lumineux, laissait deviner un rayon visuel fait pour interroger le prisme des lointains; la bouche épaisse sans être pâteuse, ne s'embarquait jamais en de longs commentaires, non plus que la main n'écrivait de longues lettres, comme quelques-unes qu'on lui attribue; les muscles du menton bien relevés auraient mis de la carrure dans le visage, si ce n'est jusqu'à la voûte partétale, certains plans s'enlevaient en hauteur comme pour exprimer une poétique disposition de l'esprit à monter vers la nue.

Et cependant Corot n'a pas eu une voix à l'Académie des Beaux-Arts; Diaz n'en aurait point eu deux, et Decamps n'en eût pas réuni trois. Et cela parce qu'ils ont cherché la ligne ailleurs que dans les cahiers du peintre Lebrun ou les académies d'Abel de Pujol.

ALFRED DE VIGNY, ÉMILE DESCHAMPS,
AUGUSTE VACQUERIE
JOSEPH DELORME

EUX qui en sont morts, exceptés, personne a-t-il jamais strictement vécu de sa poésie, » se demandait-on le soir de la reprise de Chatterton, en 1857?

Nulle parole ne se rattache davantage à l'accent découragé qui caractérise le vers si lent et si triste de Vigny; il était du petit nombre des écrivains qui restèrent préoccupés jusqu'à la fin, du sort de ceux qui naissent frappés de ce don fatal : — la poésie, — et de l'infortune qui les attend.

Volontiers on se le représente penché sur toutes les souffrances, appelant à lui les timides qui se retranchent dans un martyre inconnu. Aujourd'hui, qu'il est de bon goût de rire des incompris, des parias de l'amitié et du génie, la muse qu'on nomme la « Pitié » ne serait plus entendue. Quoique élevé dans les liens étroits du catholicisme, l'incrédulité a plané sur l'esprit du chantre des *Destinées*. « Un désespoir paisible, sans convulsion de colère et sans reproche au ciel » est ce qu'il regarde comme la sagesse même; et il ajoute:

« Il est bon et salutaire de n'avoir aucune espérance.

« L'espérance est la plus grande de nos folies. »

C'est dans l'intimité des notes écrites au crayon, comme pour se parler à voix basse, selon le mot de Mme Swetchine, que l'originalité de Vigny se dresse saillante, avec l'enveloppe un peu hautaine dans laquelle elle se montre. Une seule parole révèle son organisation d'écrivain : « Ma tête, pour concevoir et retenir les idées positives, est forcée de les jeter dans le domaine de l'imagination, et j'ai un tel besoin de créer, qu'il me faut dire en allant pas à pas : si telle science ou telle théorie pratique n'existait pas, comment la formulerais-je ? Alors le but, puis l'ensemble, puis les détails m'apparaissent, et je vois et je retiens pour toujours. » L'enfantement garde donc chez lui une tension continue, le ravit, l'entraîne sur des sommets où l'expression conserve souvent quelque chose d'incertain, lorsque il s'agit du vers par exemple, mais où l'essor de l'esprit est toujours marqué d'une audace et d'une fierté superbe.

Jamais on ne s'est mieux rendu compte, qu'auprès d'Alfred de Vigny, de cette étendue d'envergure du sentiment philosophique, qui, d'un coup d'aile, prend le temps, l'espace, supporte sans vertige, sans pâlir, ce champ de l'illimité sans s'écrier comme Bossuet : « Taisez-vous, mes pensées... » Le doute ne le quitte point. « Il a été, rappelle un critique, le poëte le plus penseur de ce siècle, et la direction de ses idées, dont le stoïcisme avec l'incrédulité aux dogmes religieux fait le fond, quoique plus accusée à la fin, n'a jamais varié. »

Ce stoïcisme dans ses actes, le préservant de la moindre faiblesse, lui conserve la fascination, le culte de l'honneur professé avec une foi presque épique, et c'est ce reflet de conscience sur toute son existence accompagné de son dévouement, nous le répétons, aux synthèses ardentes des idéals littéraires, qui dessinent les fiers profils de sa stature ; il gardait ce qu'on appelait à l'époque de Corneille : la folie de l'honneur. N'avait-il pas écrit : « l'honneur, c'est la poésie du devoir. »

Une page sur Alfred de Vigny en ses derniers jours, portrait à la plume, où ressort la simplicité mâle de l'auteur de *Stello*, rend bien l'unité de son caractère d'homme et d'écrivain. « Il était enveloppé dans un manteau romantique à la mode de 1830, et il s'y drapait avec sa grâce noble mêlée d'une certaine raideur militaire, comme un général blessé dans son manteau de guerre. Aucune plainte ne s'échappait de ses lèvres pâles, et l'on eût dit que l'honneur, après la beauté de la vie, lui commandait de composer la beauté de la mort. — Donnez-moi, me disait-il, des nouvelles du monde des vivants ! Mais je ne lui avais pas encore répondu qu'il m'entraînait avec lui, comme il faisait toujours, dans le monde des idées, son vrai domaine, vers quelque champ de la poésie ou de l'art dans son royaume ! »

Quoique enrôlé parmi les hordes de 1830, chez lui le romantisme adoucit ses violences de teinte et modère ses élans ; il a du jet sans être impétueux, il est tendre en restant viril ; élevant le scepticisme à la hauteur de la résignation, aucune amertume ne monte à sa lèvre dédaigneusement fermée au reproche. Pour lui « la religion du Christ est une religion de désespoir, puisqu'il désespère de la vie et n'espère qu'en l'éternité. » Dans son perpétuel soliloque, il entend la secrète négation de l'âme, sans être épouvanté, comme l'interlocuteur de l'Imitation qui passe le temps à interroger Dieu, se laissant broyer avec courage sous un dogme inconnu.

Ses premiers poëmes s'étaient appelés *Tymanthe, le Bain d'une dame romaine*, et relevaient avant tout de Chénier. Dans *la Dryade* il s'écrait :

Ida ! j'adore Ida, la légère bacchante :
Ses cheveux noirs mêlés des grappes de l'acanthe,
Sur le tigre attaché par une agrafe d'or,
Roulent abandonnés ; sa bouche rit encore
En chantant Évoé ; sa démarche chancelle ;
Ses pieds nus, ses genoux que la robe décèle,
S'élancent ; et son œil, de feux étincelants,
Brille comme Phœbus sous le signe brûlant.

On constate que cette pente de son esprit vers l'antiquité dont il s'inspira au début de sa carrière, renaît vers la fin, dans son livre : les *Destinées*, où les formes sinistres de la fatalité, que les anciens avaient dramatisées en créant les figures des « Moires, » réapparaissent personnifiées de nouveau avec un sentiment plus moderne.

Ce sont bien les mêmes tortureuses qui ont toujours possédé l'antique planète, et qu'il nous représente :

Sous leur robe aux longs plis voilant leurs pieds d'airain,
Leur main inexorable et leur face inflexible;
Montant avec lenteur en innombrable essaim,
D'un vol inaperçu, sans ailes, insensible,
Comme apparaît, au soir, vers l'horizon lointain,
D'un nuage orageux l'ascension paisible.

. . . .

Et le chœur descendit vers sa proie éternelle,
Afin d'y ressaisir sa domination
Sur la race timide, incomplète et rebelle.
On entendit venir la sombre légion
Et retomber les pieds des femmes inflexibles,
Comme sur nos caveaux tombe un cercueil de plomb.
Chacune prit chaque homme en ses mains invisibles ;
Mais plus forte à présent dans ce sombre duel,
Notre âme en deuil combat ces esprits impassibles.
Nous soulevons parfois leur doigt faux et cruel.
La volonté transporte à des hauteurs sublimes

Notre front éclairé par un rayon du ciel.
Cependant sur nos caps, sur nos rocs, sur nos cimes,
Leur doigt rude et fatal se pose devant nous,
Et, d'un coup, nous renverse au fond des noirs abîmes.

On dirait vraiment qu'il a « l'âme projetée hors du corps » tant le poëme se spiritualise, tant la pensée s'enveloppe de longs et diaphanes vêtements, tant elle aspire à se préserver dans le tour de ce qui implique le banal ou le familier. Sa physionomie a ce même cachet de haute réserve. Ses amis prétendent qu'il s'en enveloppait « comme d'une armure d'acier poli contre les bas contacts des hommes. » « Je crois bien, » écrit un biographe, « qu'il gardait encore son armure quand il était seul, pour se défendre de la familiarité de vulgaires pensées. Sa distinction manquait un peu de bonhomie, soit. S'il y avait quelque excès dans ce goût du noble, dans ce respect de soi-même, il n'est pas à craindre que cette particularité de sa nature devienne contagieuse. » Sa tête a plutôt des fibres que de la chair. Le profil est mince, l'œil et le front ont une tendance à s'enlever vers la nue comme dans le masque byronien ; le nez est long et l'absence de moustache donne à la lèvre quelque chose de plus mordant; « les cheveux bouclent légèrement, mais le col militaire, en forçant la tête à rester toujours droite, imprime à l'attitude un cachet de raideur un peu anglaise. La main longue trahit la race et sort des manches étroites d'une redingote à la propriétaire. » Tel est l'homme qui avait un instant troublé le cœur de Delphine Gay. Ce poëte resté si délicat, si pur, en s'attelant au char romantique, connut-il dans toute sa force ce vertige des sens dont il fit dans le le type de Satan, l'amant d'Eloa, un mélange « de grâce et de scélératesse? » Nous ne le croyons guère et jusque dans les mouvements de l'âme il garde sa nature fine, discrète, mesurée. Distançant les autres avec un certain orgueil peut-être, en son *Moïse*, avait-il bien réellement cru cacher sa personnalité à lui dans celle de l'homme étrange tout à coup isolé de ses frères à force de grandeur :

Et leurs yeux se baissaient devant mes yeux de flamme,
Car ils venaient hélas ! d'y voir plus que mon âme,
J'ai vu l'amour s'éteindre et l'amitié tarir.
Les vierges se voilaient et craignaient de mourir.
M'enveloppant alors de la colonne noire,
J'ai marché devant tous, triste et seul dans ma gloire,
Et j'ai dit dans mon cœur : Que vouloir à présent ?

Pour dormir sur son sein mon front est trop pesant,
Ma main laisse l'effroi sur la main qu'elle touche,
L'orage est dans ma voix, l'éclair est sur ma bouche ;
Aussi loin de m'aimer voilà qu'ils tremblent tous,
Et quand j'ouvre mes bras on tombe à mes genoux.
O Seigneur ! j'ai vécu puissant et solitaire,
Laissez-moi m'endormir du sommeil de la terre.

Dans cet accablement superbe, il est impossible de ne pas deviner que le poëte se revêt aussi du nuage sacré, et que, de son entretien, s'exhale « cette mélancolie de la toute puissance, cette tristesse d'une supériorité surhumaine qui isole, ce pesant dégoût du génie, du commandement, de la gloire, de toutes ces choses qui font du poëte, du guerrier, du législateur, un être gigantesque et solitaire, un paria de la grandeur. » Sainte-Beuve en peignant les batailles du romantisme, avait écrit :

Hugo puissant et fort, Vigny soigneux et fin,
D'un destin inégal, mais aucun d'eux en vain,
Tentaient le grand succès et disputaient l'empire.
Lamartine régna ; chantre ailé qui soupire,
Il planait sans effort. Hugo, dur partisan,
(Comme chez Dante on voit Florentin ou Pisan,
Un baron féodal), combattit sous l'armure,
Et tint haut sa bannière au milieu du murmure.
Il la maintient encore ; et Vigny, plus secret,
Comme en sa tour d'ivoire avant midi rentrait :

Sainte-Beuve rend ainsi, d'un coup de crayon, ce caractère de l'auteur de *Cinq-Mars* qui ne fut point un Walter Scott français. La *Tour d'ivoire* de Vigny, c'était le moule châtié, pur, inaccessible à toute familiarité vulgaire de style, où il enfermait sa pensée; mais c'était aussi le temple où il jouait au pontife, où il dérobait l'énervement de l'impuissance. Et peut-être son froid mépris des hommes l'a-t-il porté à les fuir trop tôt, à fermer trop vite derrière lui la porte de la Tour d'ivoire.

Dans les cohortes romantiques, presque tous étaient des shakespeariens. Vigny avait traduit *Othello*. Emile Deschamps donna *Macbeth* et *Roméo et Juliette*. A ceux-là on pouvait appliquer le mot de René : « Ces chantres sont de race divine ; ils possèdent le talent le plus incontestable dont le ciel ait fait présent à la terre. » Affamés de réalisme, ils trouvent la vérité dans l'interprétation de la douleur. Pleins de défauts et pleins de passions, ils représentent une poésie enragée de soleil, dont la végétation altière, furieuse, est la plus haute explosion de la vie; dans laquelle il semble qu'on puise les sèves comme aux entrailles mêmes du sol. Vous revenez peut-être d'explorer l'avenue de colonnes du Parthénon, et les statues foudroyées de l'art classique. Vous vous trouvez tout-à-coup à l'entrée de cette forêt vierge du romantisme, où quelque chose d'énorme, de surprenant vous saisit. Ce ne sont plus les souffles des dieux qui frémissent dans les pins sacrés ; un accent plus humain frissonne dans l'air et remue les feuillages de la base à la cime ; un peuple d'animaux bruit, éclate en fusées prismatiques ; l'homme vous apparaît souverain d'un nouveau continent qu'il remplit de ses chants imprévus, dont le rhythme, comme aux premiers jours du monde, fascinerait jusqu'à l'antique serpent.

Deschamps, dans une épître à de Vigny, lui parlait cependant de cette lyre :

Que Chénier réveilla si fraîche, et dont l'ivoire
S'échappa sanglant de ses mains.

Deschamps appartenait donc à cette génération qui ramena parmi nous avec de Vigny la muse de Chénier, chez laquelle l'inspiration s'imprégna, dès l'origine, des parfums grecs, mais dont l'éclat fit disparaître le faux quintessencié de la tragédie asthmatique ; alors cette queue de l'ancienne école s'accrochait en désespérée, nous l'avons constaté, après le vers conventionnel et didactique de l'école de Delille espérant rester descriptive :

Quand soudain se rouvrit avec rapidité
Le rocher dans sa veine. André ressuscité
Parut. Hybla rendait à ce fils des abeilles
Le miel frais dont la cire éclaire tant de veilles.
Aux pieds du vieil Homère il chantait à plaisir,
Montrant l'autre horizon, l'Atlantide à saisir :
Des rivaux sans l'entendre y couraient pleins de flamme.

Sur les pas des chefs s'avançaient résolûment l'auteur des *Poëmes antiques*, puis l'auteur de l'*Epître aux mânes de Joseph Delorme*, et de la fameuse épopée lyrique intitulée : *Romance sur Rodrigue, dernier roi des Goths*. Le frère d'Emile, Antony Deschamps, le Léopold Robert du romantisme, écrivait ses *Italiennes*. A côté de Victor Hugo, Auguste Vacquerie lançait deux volumes de vers : *l'Enfer de l'Esprit*, *les Demi-Teintes*, mais avec un sentiment si personnel, qu'il fait dire à Gautier : « La volonté, chez lui, domine toujours l'inspiration et le caprice... sa pensée, haute, droite, peu flexible, ne connaît pas les moyens termes, et, quand par hasard elle se trompe, c'est avec une conscience imperturbable, un aplomb effrayant et une rigueur de déduction qui vous stupéfie. » Le feu et le mordant de la note se rencontrent chez Vacquerie avec une puissance de concentration étrange. Il a le contour tranchant, la coupe mâle et sans fioritures. Le dialecticien perce dans le poëte ; il est froidement violent. *Tragaldabas* est l'exultance achevée du vice, de l'abjection ; les teintes sont plaquées avec une sorte de brièveté tranquille dont rien ne saurait rendre les colorations. Les plaies humaines exhalent toute leur pourriture ; il y a comme une contagion de cynisme qui vous gagne de telle façon, qu'étourdi, on se demande si l'on ne va pas tout à l'heure marcher sur les mains, les pieds en l'air, sous la projection d'un gourdin. Le vice y flamboie vraiment sous l'oripeau du seigneur : « Dans sa froide outrance, le poëte, parfaitement tranquille, pousse les choses jusqu'à leur dernière conséquence tragique, le point de vue une fois accepté » ; mais, de lui aux autres disciples de Victor, comme on disait, il n'est aucune transition, aucun point de repère, tant il reste personnel dans son hugotisme.

Les habitués de la rue Notre-Dame-des-Champs, Hugo, Vigny, avaient vivement acclamé un jeune homme, un penseur dont

Sainte-Beuve, aimait beaucoup, je crois, qu'on lui demandât des nouvelles au déclin de sa vie ; il se faisait appeller Joseph Delorme, et personne ne nous démentira si nous disons que le grand critique avait cru devoir poser, dans une de ses notices aux poésies de Joseph Delorme, sa première pierre à l'édification d'une statue pour le poëte mort si jeune, auquel on pouvait appliquer ces paroles de Senancour dans Oberman : « Je l'ai vu, je l'ai plaint, je le respectais, il était malheureux et bon. Il n'a pas eu des malheurs éclatants ; mais en entrant dans la vie il s'est trouvé sur une longue trace de dégoûts et d'ennuis ; il y est resté, il y a vécu, il y a vielli avant l'âge, il s'y est éteint. » Sainte-Beuve traçait ce portrait avec la même complaisance lorsqu'il était question devant lui de l'auteur des *Consolations* et des *Pensées d'Août*, et il n'y a qu'à s'en rapporter aux parnassiens pour nous donner leur profil aux deux crayons, mieux que personne au monde. Nous n'en voulons comme preuve que la préface de Lamartine en tête de *Raphaël*, où l'auteur des *Méditations* se sculpte en toute naïveté, à lui même, son albâtre séraphique.

Ce Joseph Delorme, qui publie ses premières poésies sous ce nom d'emprunt, a deux physionomies bien distinctes : l'une où perce l'aiguillon d'une nature toute sensuelle, mais où il est aussi « sévère dans la forme » que « religieux dans la facture » ; la seconde, où l'élan mystique l'emporte, où l'idée atteint des cimes plus graves, étrangement chrétiennes.

Dans cette première période de sa vie, il se fait reconnaître parmi les fervents du romantisme, à l'engouement et à l'ivresse que lui communiquait, à travers une mâle enveloppe, l'essaim des baisers de feu de la rime :

> Rime, tranchant aviron,
>   Eperon
> Qui fends la vague écumante ;
> Frein d'or, aiguillon d'acier
>   Du coursier
> A la crinière fumante ;
>
> Agrafe, autour des seins nus
>   De Vénus
> Pressant l'écharpe divine,
> Ou serrant le baudrier
>   Du guerrier
> Contre sa forte poitrine ;
>
> Col étroit, par où saillit
>   Et jaillit
> La source au ciel élancée,

Qui, brisant l'éclat vermeil
Du soleil,
Tombe en gerbe nuancée ;

Anneau pur de diamant
Ou d'aimant
Qui, jour et nuit dans l'enceinte,
Suspends la lampe où le soir
L'encensoir
Aux mains de la vierge sainte ;

Clef qui, loin de l'œil mortel,
Sur l'autel
Ouvres l'arche du miracle ;
Où tiens le vase embaumé
Renfermé
Dans le cèdre au tabernacle ;

Ou plutôt fée au léger
Voltiger,
Habile, agile courrière,
Qui mènes le char des vers
Dans les airs
Par deux sillons de lumière.

O rime ! qui que tu sois
Je reçois
Ton joug ; et longtemps rebelle,
Je te promets
Désormais
Une oreille plus fidèle.

Mais aussi devant mes pas
Ne fuis pas
Quand la muse me dévore,

Donne, donne par égard
Un regard
Au poëte qui t'implore !

Dans un vers tout défleuri
Qu'à flétri
L'aspect d'une règle austère,
Ne laisse point murmurer,
Soupirer
La syllabe solitaire.

Ce qu'il a y de trop flottant, de trop vaste dans le domaine de l'idée, emboîté dans le mètre positif et absolu du rhythme, a communiqué aussi à la prose de Joseph Delorme une facture concise, serrée; on dirait que la pensée du poëte si impalpable, si vaporeuse lorsqu'elle jaillit de son cerveau, se cristallise en passant dans le moule des rimes, afin d'en sortir comme un pur joyau et de scintiller au soleil d'un art merveilleux; en sorte que les autres travaux en prose s'en ressentent aussi. Chez quelques auteurs, la vérité exprimée ressemble peu souvent à la vérité conçue. La langue ne saurait rendre tout: il y a un au-delà qui s'étend indéfiniment pour l'esprit, alors même que l'expression croit avoir tout serti dans le mot. Eh bien ! remarquons-le, chez Sainte-Beuve ou chez Joseph Delorme le romantique, le contour est arrêté, l'ombre s'accuse, la phrase est une, modelée par l'écrivain avec la même énergie que le pouce arrête, unit, enveloppe l'argile. Ce qu'on rencontre en général de nuages amoncelés dans une pièce de vers, se transforme chez Sainte-Beuve et semble au contraire fixé, comme les nuages de marbre d'un bas-relief; c'est ce qui donne à ce fouilleur, même lorsqu'il épilogue, ce caractère de certitude et de rigueur, si logique, si indiscutable.

Le *Globe* jetait alors, sur l'école novatrice, des regards assez peu bienveillants, et la patience échappait souvent à Joseph Delorme, et le faisait répondre vertement au nom de ses confrères. « On a commencé par les accuser de mépriser la forme, disait-il, maintenant on leur reproche d'en être esclaves. Le fait est qu'ils tiennent à la fois au fond et à la forme; mais celle-ci une fois trouvée, comme elle l'est aujourd'hui, ils n'ont plus guère à s'en inquiéter, et les chicanes que l'école critique soulève à ce propos ressemblent à une escarmouche de l'arrière-garde, quand la tête de la colonne est passée. » En remontant par un élan sincère aux langues anciennes, il prouvait avec triomphe que les vers les plus beaux du Parnasse romantique étaient frappés « à la manière des vieux d'avant Boileau », qu'ils arrivaient d'un bond aux poëtes antiques, si souvent travestis par l'alexandrin de Racine, et que leurs vers à eux participaient de cette noble origine grecque, s'y rattachant surtout « par le *nourri* le *large*, le *copieux* ». « Les vers de cette espèce, disait-il, sont pleins et immenses, drus et spacieux, tout d'une venue et tout d'un bloc, jetés d'un seul et large coup de pinceau, soufflés d'une seule et longue haleine; et quoiqu'ils semblent tenir de bien près au talent individuel de l'artiste, on ne saurait nier qu'ils ne se rattachent aussi à la manière et à la facture. » Lui-même n'en offrait-il pas un exemple dans un de ses sonnets imité de Keats : *En s'en revenant un soir de novembre.*

Puissante est la bouffée à travers la nuit claire,
Dans les buissons séchés la bise va sifflant;
Les étoiles du ciel font froid en scintillant,
Et j'ai pour arriver bien du chemin à faire.
Pourtant je n'ai souci ni de la bise amère,
Ni des lampes d'argent dans le blanc firmament,
Ni de la feuille morte à l'affreux sifflement,
Ni même du bon gîte où tu m'attends, mon frère !

Dans un des vers de ces quatrains, il se plaisait à faire remarquer qu'à dessein il avait redoublé les sons en *an* pour rendre l'effet du scintillement. Les anciens, ajoutait-il, sont amoureux de ces effets, et nos adversaires regardent cela comme une faute en français. N'avait-il pas le droit de s'écrier en toute science :

Ne ris pas des sonnets, ô critique moqueur

Il était juste de regarder chez Joseph Delorme cette face de l'art qui relève de la forme rhythmique, métrique, musicale, et nous donne plus tard avec son large courant, le poëte des *Pensées d'Août*. Ce poëte, dont la jeunesse comportait alors le reflet de tous les embrasements du néophyte, marchait dans une voie bien distincte de celle que devait parcourir le chantre des *Consolations*. La souffrance, l'ennui monstrueux, les élans sans terme, sans cause, agitaient cette grande âme en proie à « une sensibilité délirante, » et qui retournait contre elle-même sa force d'activité. Lorsque, plus tard, Sainte-Beuve revenait à cette terrible époque, il lui arrivait, en parlant de ce fameux *ego*, comme d'un autre, de raconter aussi la fin de Joseph

Delorme. Il prétendait, qu'emporté doucement vers la tombe, il y descendit avec sérénité, « que sa lyre à lui-même, grâce à de précieux secours, s'était montée plus complète et plus harmonieuse, et que ses plaintes y résonnaient avec plus d'abondance et d'accent. »

Sainte-Beuve réussit-il jamais à se persuader cette prétendue disposition « du poëte mort jeune à qui l'homme survit? » « Nous avons presque tous un homme double en nous, a-t-il écrit quelque part; Saint-Paul l'a dit, et Racine l'a chanté. Moi aussi, me sentant double, je me suis dédoublé, et ce que j'ai donné dans les *Consolations* était comme une seconde moitié de moi-même et qui n'était pas la moins tendre. » Quelques-uns qui avaient écouté avec complaisance tous les aveux de Joseph Delorme, et s'écriaient comme Musset :

Les chants désespérés, sont les chants les plus beaux

Ceux-là, trouvaient que Joseph s'était guéri trop vite de son incrédulité savante, et qu'il s'était aussi consolé trop tôt. Quoi qu'il en soit, cette seconde partie, de son poëme les

Consolations, tout en révélant une sorte de renaissance morale, nous paraît trop analytique, trop réfléchie, pour garder en ses larges ondes une intensité de sentiment qui soit comparable à l'emportement, à l'audace de son premier jet. L'essor s'est ralenti. On croirait qu'après avoir trouvé un asile dans son désespoir, il a fini par l'user en le commentant, et c'est en voyant la philosophie s'emparer de lui sans secousse, qu'il écrivait comme un adieu :

Ne coulez plus, larmes de poésie ;
C'était un rêve, une dernière erreur !
Il n'est plus rien désormais dans la vie,
Pleurs de rosée, il n'est plus une fleur.
Que feriez-vous, larmes de poésie ?

Mais il ajoutait, au lendemain du jour où le cœur de Joseph Delorme s'éteignait par lentes vibrations en lui: « Aujourd'hui on me croit seulement un critique ; mais je n'ai pas quitté le poëme sans y avoir laissé tout mon aiguillon. »

LE CAMP DES TARTARES

PÉTRUS BOREL

L'ÉTÉ de 1831 est une date dans l'histoire du romantisme. Une poignée de jeunes gens groupés autour de Petrus Borel, le lycanthrope, ayant loué une maison en haut de la montagne Rochechouart, s'y installèrent pour travailler et rêver. Ils appelaient l'habitation leur montagne, par dérision envers les Saints-Simoniens établis à Ménilmontant. Une sainte horreur du convenu les dirigeait : la haine du bourgeois, haine si substantielle, si forte, qu'elle nourrit ceux chez lesquels elle est restée incrustée, comme le lierre dans une muraille. Nous ne serons point démenti si nous disons qu'aujourd'hui il n'est pas un homme de lettres qui ne s'évertue, sans y parvenir, à se créer une pareille île de

Robinson au milieu de Paris; mais de rares privilégiés réussissent. Il y a une joie que comprennent seuls les artistes, à défendre son réduit, une joie immense à deviner derrière la porte verrouillée une redingote forcée à la retraite et dont le propriétaire ne pourra venir poser ses coudes sur les marges blanches du manuscrit.

Ce contact avec les réguliers, les habitants de la montagne Rochechouart ne le redoutaient plus. Effroi du quartier, ils avaient donné à leur groupe le nom de *Camp des Tartares*. On y vivait en plein air, sous des tentes. C'étaient Bouchardy, Philothée O'Neddy, Piccini, Jules Vabre, Jehan Duseigneur, Gautier, Gérard, Auguste Mac Keat; etc. Le vêtement fut prohibé. Les épiciers et les gens à professions libérales du quartier portèrent plainte. Ils prétendirent qu'en passant devant les murs derrière lesquels s'abritaient ces nudités, l'innocence de leurs chastes matrones d'épouses était gravement atteinte : ce qui amènerait à conclure qu'une femme honnête ne doit plus circuler en voiture ou à pied dans les rues, les maisons qui les bordent abritant au moins deux ou trois adultères chaque jour; pas plus ne devraient-elles passer devant des établissements de bains, à moins que l'autorité n'ordonne aux baigneurs, au nom des mœurs, d'entrer tout habillé dans la baignoire. Le commissaire de police, assourdi par les bouchers, les huissiers, les médecins, les notaires, les avoués, les quincaillers et les apothicaires, se crut obligé de faire une descente au Camp des Tartares et d'ordonner des caleçons. La chose fut solennelle. Le soir, les pharmaciens ou les clysos à jet continu et les grimoiristes, les pompiers et les conseillers municipaux, ayant défendu l'honneur de leur *dame* et de leurs *demoiselles*, entrèrent dans des lits bassinés avec la satisfaction d'un réquisiteur qui vient d'arracher au jury une sentence capitale.

Le Camp des Tartares ne fut plus troublé. Alphonse Brou, employé à la mairie, apportait des bons de pains et de saucissons. On avait enlevé, pour les besoins de la tribu, deux femmes : la première était la concierge; la seconde, celle d'un épicier du coin de la rue Rochechouart. Au milieu du jardin une fontaine en pierre portait cette inscription : *le mauvais temps me fait cracher*. Mais la légende se trouvait ainsi libellée, comme celle d'une monnaie des fous : *le ma. uva. iste. mps. me fa. itcrac. her.* Un jour, on confectionna un mannequin de grandeur naturelle; on le fit sauter dans un drap; cela causa une horrible frayeur à Alphonse Brou, qu'on s'efforçait de convaincre que le prétendu mannequin était un cadavre et qu'il s'agissait d'une violation de sépulture. L'indépendance atteignit les limites extrêmes; jamais on ne fut plus délicieusement bercé par les vociférations des bourgeois.

« Il y a dans tout groupe, dit l'auteur du chapitre sur le petit Cénacle, une individualité pivotale, autour de laquelle les autres s'implantent et gravitent comme un système de planètes autour de leur astre. Petrus Borel était cet astre; nul de nous n'essaya de se soustraire à cette attraction. »

Petrus tenait de naissance une tristesse, un dédain pour l'humanité, que ceux qui continuent à porter une immense haine aux représentants de deux ou trois catégories sociales recueillent avec joie. Sa figure semblait empreinte à la noble effigie du type espagnol ou arabe, tant l'expression jaillissait d'un lointain de siècle, tant la bouche savait tenir à distance par son impérieuse tranquillité.

Les cheveux étaient taillés en brosse; la barbe, d'un noir de ténèbres, coupée en pointe, pareille à celle d'Eugène Devéria, aveuglait le bourgeois, écrasait, humiliait, bafouait, torturait les mentons philistins, et faisait battre leurs mâchoires. Avec la meilleure volonté du monde, il était impossible de dire pour cette barbe, comme Rosalinde dans *Comme il vous plaira* : « Dieu lui en enverra une plus longue, s'il est reconnaissant envers le ciel; » car le ciel ne pouvait avoir mieux suspendu et mieux fourni une barbe au menton d'un homme.

Petrus Borel possédait donc la beauté nostalgique dont l'expression violente les femmes, les dompte, les dévore, les agrandit, les accable d'une invincible prostration, leur fait tendre les mains vers le farouche captateur de nubilité.. Il y a bien à travers les tristes évolutions de ces yeux là une révélation d'homme aimant à nomadiser, épris de l'exotisme des verdures et des torrents dont les chamelles boivent l'ombre. Un œil d'Européen n'enregistre à l'aide de son pâle soleil que des images indécises; celui-là paraît brûlé aux feux qu'absorbent les poitrines nubiennes, haletant sur des peaux de lion. Ce masque étrange de l'auteur des *Rhapsodies*, où la passion est imprégnée dans les tons chaudement fauves du visage, communique en sa hautaine immobilité, une puissance d'âme extraordinaire. On dirait que le jet du regard est prêt à s'enfoncer sous la cuirasse de chair d'un interlocuteur, et à découvrir les tortuosités de conscience les mieux dérobées. Cette beauté si généralement reconnue, causa de sourdes haines à Petrus Borel. Plus les représentants d'un pouvoir civil s'aperçoivent qu'ils sont laids, repoussants, ignobles même, plus ils deviennent âpres à la chasse à l'homme. Ils firent arrêter le poëte un jour, sous prétexte que, revêtu d'un gilet à la Robespierre, il avait la démarche révolutionnaire (sic). Le fait a besoin d'être authentiqué plusieurs fois sous la plume. On ne ferait pas mieux aujourd'hui.

Grand et mince, le chef de la tribu du Camp des Tartares, n'aurait certainement jamais atteint à une mention dans le chapitre des *Jeunes France*, à propos de l'obésité en littérature. Né à Paris en 1809, il commença son éducation au petit Séminaire de Sainte-Elisabeth. L'abbé Marduel le fit entrer au petit séminaire de Saint-Roch. Malgré les théories cléricales, Petrus Borel n'en disait pas moins très-haut: « je suis républicain comme on l'est parmi les peaux-rouges. » Vers 1826, il entra chez l'architecte Bourlac qui, on s'en souvient, fit construire le Cirque Olympique. Petrus Borel s'adonna à l'architecture pendant sept ou huit ans, mais sans consentir à rester chez un maître. Il bâtit trois maisons et eut trois procès, car il refusait toujours de suivre les plans; car, à tout prix, il fuyait « la platitude et le commun. »

Il suffit de lire les revues de 1833, pour se rendre compte de la lutte effroyable qui se livrait entre les romantiques et les classiques. — « Que veulent-ils, disaient les académiciens, ces mondains et ces forbans? A qui s'adresse la menace de leurs bras musculeux, et de leurs poings toujours fermés? Ils hurlent, ils tempêtent, ils sacrent, ils blasphèment; les poëtes vocifèrent, les peintres écument, les architectes lèvent le pic, les sculpteurs brandissent le marteau. On croirait assister à une séance du tribunal de Saint-Vehmé, conspirant la mort des rois et la ruine de l'état; et à les entendre fulminer contre le *mensonge social*, contre l'impureté des mariages, et organiser la croisade contre les institutions civiles et politiques, quelque révolutionnaire de nos jours serait peut-être tenté de les prendre pour les précurseurs du socialisme. » Ce qu'il y a de vrai, c'est qu'au fond, le Camp des Tartares, c'est-à-dire Petrus et ses amis, ne s'inquiéta nullement de la forme du gouvernement. Ce qu'ils voulaient démolir, c'était le *bourgeoisisme* dans l'art. Mais les solitaires de la montagne Rochechouart retrouvaient l'ennemi partout, comme nous le retrouvons chez les bourgeois d'aujourd'hui, lâchant de tous côtés les robinets d'eau chaude de l'ordre moral.

Pour comprendre l'horreur qu'inspiraient ces gens, nous n'avons qu'à nous baser sur l'horreur qu'ils nous font à présent, et à nous dire, qu'en 1830, le nombre de leurs adversaires dépassait celui de l'époque actuelle; seulement ils étaient moins dangereux. Aujourd'hui, les bourgeois rentiers en remplissant une profession libérale, se font dénonciateurs près de la Sainte Hermandad, de tel ou tel écrivain qui les gêne ou qu'ils jalousent; en sorte que le pouvoir n'a pas assez de flatteries pour eux. Nous ne parlons point du bourgeois devenu rédacteur, qu'on voit se trémousser dans certaines colonnes, y répandant avec le blaireau qui lui sert de plume, la poudre mousseuse qu'il emploie pour se savonner le menton. Celui-là ne trompe personne. Nous parlons de ces maltôtiers répandus par le monde, qui n'ont point encore perdu l'espérance que le roman soit le reflet de leurs chastes embrassements, que la peinture redevienne honnête, la poésie sans rejets, la musique rhythmée comme un pont-neuf, et qui, en se levant chaque matin, se signent avec effusion devant « l'ordre de choses et son auguste famille. » Ceux-là, par ce qu'ils sont restés aujourd'hui, peuvent nous expliquer pourquoi, en 1830, leurs aïeux, les épiciers modérés, créèrent l'irréconciabilité entre l'art et les bourgeois.

Et ce dogme fondamental de la petite colonie du Camp des Tartares, est dévoilé par Philothée O'Neddy dans ce passage de son livre : *Feu et Flamme*, par Philothée si souvent nommé sous la plume de Petrus Borel :

> Longtemps à deux genoux le populaire effroi
> A dit : Laissons passer la justice du Roi !
> Ensuite on a crié et l'on crie encor — Place !
> La justice du peuple et de la raison passe ! —
> Est-ce qu'épris enfin d'un plus sublime amour,
> L'homme régénéré ne crira pas un jour : —
> Devant l'art Dieu, que tout pouvoir s'anéantisse,
> Le poëte s'en vient : Place pour sa justice !

C'est à ce moment qu'on vit naître la confrérie des *Bousingots*, qui fut une diversion du romantisme. Et voici ce que nous lisons à ce sujet dans une collection de documents bibliographiques publiée chez Pincebourde sur les romantiques, par Charles Asselineau :

« La qualification de bousingots ne fut jamais acceptée par les Jeunes France de la camaraderie de Petrus Borel. Elle leur fut au contraire infligée à l'occasion d'un procès au tribunal de police municipale, qui fit quelque bruit en son temps. Quelques camarades furent arrêtés une nuit dans les rues de Paris, pour avoir chanté trop haut et trop tard une chanson dont le refrain était : Nous ferons, ou nous avons fait du bousingo, (du *bruit*, du *bouzin*.) C'était au moment du fameux complot de la rue des Prouvaires : la police, alarmée, engloba les perturbateurs dans la poursuite, et l'affaire se résolut pour quelques uns d'entre eux, par une incarcération de quelques jours à Sainte-Pélagie. Gérard de Nerval, un des incarcérés, a consacré dans un article intitulé *Mes Prisons*, inséré dans la *Bohême Galante*, le souvenir de cette algarade. Cependant l'affaire avait fait du bruit, et le mot bousingo était devenu populaire. Les journaux bien pensants affectèrent désormais d'appeler bousingots les ennemis de l'ordre et du repos public. Ce fut pour donner aux bourgeois et aux journalistes une leçon d'ortographe que les amis résolurent de composer collectivement un recueil de contes du *Bousingo*. Le projet, comme nous l'avons dit, n'eut pas de suite. Le seul Gérard, m'a-t-on assuré, aurait fourni sa contribution ; et le charmant conte de la *Main enchantée*, qu'il publia plus tard, fut composé exprès pour ce recueil.

« Le bousingo ou bousingot, que l'on retrouve fréquemment dans les lithographies du temps, avec son gilet à la Robespierre, sa grosse canne, sa longue barbe et ses longs cheveux, coiffé tantôt de la casquette rouge, tantôt du chapeau ciré, le bousingot transporta dans la vie politique le style et les allures de l'école romantique. Ce fut une variété du genre Jeune France, mais aussi rude, aussi énergique que les autres étaient *dandies* et raffinées. En véritable artiste il trouva tout de suite et avec génie la plastique de son idée. La passion de la couleur et de la *localité* avait poussé les écrivains romantiques vers le luxe et l'éclat. Le bousingot opposa le *brule-gueule* et le *petit-bleu*, aux narguilehs et aux hanaps. Des mêmes fusées, des mêmes soleils de métaphores qui se tiraient ailleurs en l'honneur des marchesines et des cathédrales, il fit des cartouches pour tirer sur le roi et sur les sergents de ville; mais c'était bien au fond le même procédé et la même poétique ».

Champavert, le roman de Petrus Borel, avait-il fait partie en principe de cette collection?

En 1832, parût la première édition des *Rhapsodies*, chez Levasseur au Palais-Royal. On peut juger de la rudesse et du coupant de l'œuvre par ces strophes adressées à un témoin de sa vie douloureuse :

> Quand ton Petrus ou ton Pierre
> N'avait pas même une pierre
> Pour se poser, l'œil tari;

Un clou sur un mur avare
Pour suspendre sa guitare : -
Tu me donnas un abri.

Tu me dis : — Viens mon Rhapsode,
Viens chez moi finir ton ode ;
Car ton ciel n'est point d'azur,
Ainsi que le ciel d'Homère
Ou du provençal trouvère ;
L'air est froid, le sol est dur.

Paris n'a point de bocage ;
Viens donc, je t'ouvre ma cage,
Où, pauvre, gaîment je vis ;
Viens, l'amitié nous rassemble,
Nous partagerons ensemble
Quelques grains de chenevis.

— Tout bas, mon âme honteuse
Bénissait ta voix flatteuse
Qui caressait son malheur ;
Car toi seul, au sort austère
Qui m'accablait solitaire,
Léon, tu donnas un pleur.

Quoi ! ma franchise te blesse ?
Voudrais-tu que, par faiblesse,
On voilât sa pauvreté ?
Non ! non ! nouveau Malfilâtre
Je veux au siècle paraître,
Etaler ma nudité !

Je le veux, afin qu'on sache
Que je ne suis point un lâche,
Car j'eus deux parts de douleur

A ce banquet de la terre,
Car, bien jeune, la misère
N'a pu briser ma verdeur.

Je le veux, afin qu'on sache
Que je n'ai que ma moustache,
Ma guitare, et puis mon cœur
Qui se rit de la détresse ;
Et que mon âme maîtresse
Contre tout surgit vainqueur.

Je le veux, afin qu'on sache
Que, sans toge et sans rondache,
Ni chancelier, ni baron,
Je ne suis point gentilhomme,
Ni commis à maigre somme
Parodiant lord Byron.

A la cour, dans ses orgies,
Je n'ai point fait d'élégies,
Point d'hymne à la déité ;
Sur le flanc d'une duchesse,
Barbottant dans la richesse,
De lai sur ma pauvreté.

Nous n'avons pas à discuter la beauté impressionnante de Champavert; ce rugissement d'âme damnée, ces clameurs immenses, plus sincères que les cris byroniens en montant vers le ciel, s'accumulent, s'agrègent de toutes les fanges, se solidifient comme un banc de limon étalé au soleil. Jamais langue ne posséda une puissance évocatoire plus implacable. Ce sont nos haines à nous, auditeurs en petit nombre, qui sifflent dans Champavert, et non les haines d'un seul. On le sent bien dès la première page, ce poëte nous venge de l'ordre social et le lecteur l'écoute avec ivresse se faire l'écho de ces malédictions qu'il ne peut formuler que tout bas, et qui le font tressaillir d'aise lorsqu'elles revêtent l'exultant langage de Petrus Borel. Nous n'en voulons pour preuve, que le fragment du chapitre intitulé : *Damnation :*

« La plaine est obscure et solitaire, lève-toi, ma grande amie, et descendons le clos; viens errer, là-bas, près de la citerne; il y a bien longtemps que je ne me suis agenouillé sur cette terre; le houx ombrageant son berceau mortuaire, a peut-être été brouté? Allons voir.

— Oh! non pas, ce houx est vert et touffu et l'herbe haute et belle; mes pleurs sont une pluie féconde, et je les en arrose chaque nuit.

— Chaque nuit tu descends à la source?

— Oui ! chaque nuit : quand tout dort en la maison, je me lève et descends faire ma prière sur sa tombe ; quand j'ai bien prié et bien pleuré sous le ciel, je me sens plus calme. La nature semble me pardonner mon crime ; il me semble entendre dans le silence universel une voix partant des étoiles, qui me crie : — Ton crime n'est pas le tien, faible enfant de la terre, il est aux hommes ! à la société !... que son sang retombe sur eux et sur elle !... Je rentre avant l'aurore, et je goûte alors un sommeil plus paisible et sans rêves affreux ».

Tous deux se dirigent vers la fosse. Champavert lance des blasphèmes dans la nuit, sans entendre les prières de Flava épouvantée.

« S'il était un Dieu qui lançât la foudre, continue-t-il, je le défierais ! Qu'il me lance donc sa foudre, ce Dieu puissant qui entend tout, je le défie !.. Tiens, je crache contre le ciel ! Tiens, regarde là-bas, vois-tu ce pauvre tonnerre qui se perd à l'horizon, on dirait qu'il a peur de moi. Ah ! franchement, ton Dieu n'est pas susceptible sur le point d'honneur ; si j'étais Dieu, si j'avais des tonnerres à la main, oh! je ne me laisserais pas insulter, défier par un insecte, un ver de terre !

« Du reste, vous autres chrétiens, vous avez pendu votre Dieu, et vous avez bien fait, car, s'il était un Dieu, il serait pendable.

« Oh! si je tenais l'humanité comme je te tiens là, je l'étranglerais! Si elle n'avait qu'une vie, je la frapperais de ce couteau, je l'anéantirais! Si je tenais ton Dieu, je le frapperais comme je frappe cet arbre! Si je tenais ma mère, ma mère qui m'a donné la vie, je l'éventrerais! C'est une chose infâme qu'une mère!... Ah! si du moins elle m'avait étouffé dans ses entrailles, comme nous avons fait de notre fils !... Horreur !... Je m'égare!

« Monde atroce ! il faut donc qu'une fille tue son fils, sinon elle perd son honneur! Tu as massacré le tien!... tu es une vierge Flava ! Horreur !...

« La pluie tombait à flots, le tonnerre mugissait, et quand les éclairs jetaient leurs nappes de flammes sur la plaine, on distinguait Flava échevelée; sa robe blanche semblait un linceul, elle était couchée sous les touffes du houx. Champavert, à deux genoux sur terre, de ses ongles et de son poignard fouillait le sable. Tout à coup, il se redressa tenant au poing un squelette chargé de lambeaux : — Flava! Flava! criait-il, tiens, tiens, regarde donc ton fils ; tiens, voilà ce qu'est l'éternité !... Regarde !

. . . .

« Loi ! vertu ! honneur ! vous êtes satisfaits; tenez, reprenez votre proie !... Monde barbare, tu l'as voulu, tiens, regarde, c'est ton œuvre, à toi ! Es-tu content de ta victime? Es-tu content de tes victimes? — Bâtard ! c'est bien effronté à vous, d'avoir voulu naître sans autorisation royale, sans bans ! eh ! la loi ? eh ! l'honneur ?... »

Tel est le chapitre le plus saillant de Champavert. Il est si peu d'esprits qui sachent contenir la haine, la haine irrémissible, la haine sans pactation avec l'ennemi, qu'il faut savoir gré à ceux qui ont le souffle assez puissant pour la porter de ne point s'en débarrasser au milieu du chemin.

Le violent, l'imprévu, les mauvais désirs montant comme un essaim de mouches à vers sur des cadavres, l'accent délibéré qui accuse toutes les figures pour la douleur et recherche la torture expressive de préférence à l'idéale sérénité de l'âme, voilà Champavert. Petrus Borel, le maître rudement personnel, semble avoir reconnu dans la souffrance le trait distinctif du visage humain. Et c'est à propos des œuvres nées au commencement du siècle, qu'on remarquera que, dans l'art romantique, bien haïr a été parfois un auxiliaire de conception non moins merveilleux que la passion échevelée. En tout cas, le romantisme a fait terriblement manœuvrer le rugissement de l'homme moderne. Gautier, ce pur Grec, n'a-t-il pas dit dans *Ténèbres*, à propos des poëtes ;

> Sur son trône d'airain, le destin qui s'en raille
> Imbibe leur éponge avec du fiel amer,
> Et la nécessité les tord dans sa tenaille.

Le romantisme nous oblige à reconnaître que les œuvres trempées de haine comme dans un bain d'acide, ne s'évaporent pas. « La haine, a écrit Baudelaire, est une liqueur précieuse, un poison plus cher que celui des Borgia, car il est fait avec notre sang, notre santé, notre sommeil et plus des deux tiers de notre amour ; il faut en être avare. » Nous pensons comme le poëte des *Fleurs du mal*. Mettons-la donc, cette haine, dans un flacon imbrisable, et de temps à autre, buvons-en deux gouttes; alors nous enfanterons peut-être, plutôt qu'avec un sentiment tendre, des créations aussi mâles que *Champavert* et que *Feu et Flamme*. En elle on ne peut nier qu'est la virilité, l'indépendance absolue; l'amour est le domaine de tous, non pas la haine; son dédain puissant nous élargit la poitrine. N'est-il pas vrai d'avouer que ceux qui la connaissent deviennent invulnérables, que rien n'entame leur tranquille attente de la destinée? Ils rient avec l'ineffable moquerie des forts, lorsque la brise leur souffle sous une fente, la tentation d'aimer. Le romantisme a fait revivre sous la plume de Petrus Borel, cet antagonisme qui se dévore lui-même. Il y a dans la grandeur d'un sentiment qui n'obéit à aucun calcul, qui est parce qu'il est, et qu'on prend comme il vient, il y a une autorité secrète qui fera toujours quelque chose de ceux qu'il saisira en haut ou en bas. Lequel est donc le plus fort, de l'amour ou de la haine? C'est la haine, puisque comme nous le disions plus haut, elle est faite avec notre sang et plus des deux tiers de notre amour.

En 1839, nous retrouvons la société du Camp des Tartares, rue d'Enfer. Dumas venait d'offrir une fête masquée, square d'Orléans : les amis de Petrus Borel donnèrent aussi leur bal. La salle de danse était au premier, l'infirmerie au rez-de-chaussée. Deligny, qui avait été secrétaire de la porte Saint-Martin, et qu'on appelait Loulou Deligny, s'habilla en grisette. Alphonse Brou — nous n'exagerons rien, — voulut le violer. Le premier qui descendit à l'infirmerie du rez-de-chaussée, fut Alexandre Dumas, qui s'était fait servir de la crème dans un crâne.

Ainsi se prononcèrent quelques uns des plus vifs incidents du romantisme. Aux ingénus qui s'imagineraient que le talent trouvait en 1830, les éditeurs qui lui font défaut aujourd'hui, nous n'avons à constater que ce seul fait : c'est que le roman de *Champavert* rapporta 1,000 francs à son auteur, et *Madame Putiphar* 2,000 francs. Petrus se vit forcé d'accepter le poste d'inspecteur de la colonisation en Algérie, à Mostaganem. Il y commença la construction du fameux château de Haute-Pensée, d'où l'on apercevait l'Espagne et d'où il envoyait ses rapports en vers, au ministère de l'intérieur. On le destitua en 1848. Vers cette époque, Marrast, son ennemi acharné, l'attaqua dans le National. Comme il était invisible chaque fois que les témoins de Petrus Borel se présentaient, Petrus jugea convenable de lui adresser deux commissionnaires, et l'affaire se termina à la honte de Marrast. Rétabli comme fonctionnaire dans la province de Constantine par le général Bugeaud, Petrus ne put achever cependant l'édification du château de Haute-Pensée qui manquait de toiture, lorsqu'arriva sa seconde destitution. De retour en France, les excès de travail altérèrent l'organisation du poëte, au point de lui faire perdre tous ses cheveux. Il prétendit alors que le ciel ne voulait pas qu'il eût la tête couverte, ce qui était assez logique, et se mit résolument à travailler sous la projection d'un soleil ardent. Il y gagna une congestion cérébrale dont il mourut.

Il est de certaines destinées qui, pareilles à celle d'Edgard Poë, portent écrit en elles, comme singulier tatouage, ce mot : damnation. Oui, la damnation est vraie, c'est-à-dire, que le malheur lorsqu'il est entré par une fissure invisible dans la destinée d'un homme, ne peut en être expulsé.

« Existe-t-il donc, demandait un esthéticien, une providence diabolique qui prépare le malheur dès le berceau, qui jette avec préméditation des natures spirituelles et angéliques dans des milieux hostiles, comme des martyrs dans des cirques? Y a-t-il donc des âmes *sacrées* vouées à l'autel, condamnées à marcher à la mort et à la gloire à travers leurs propres ruines? » Certes oui, elle existe cette hideuse Providence, qui fait mouvoir pour la grande joie de tous, un paria, un enguignonné du sort, et qui jamais, jamais ne se lassera. Certes oui, elle est présente à ses côtés, cette force aveugle qui lui bouche toutes les avenues, fait dévier ses pas lorsqu'il se croit d'aplomb et ne se désarme même point au lit de mort; qui forge dans toutes les mains un fer pour le frapper, de même qu'elle écrit dans toutes les têtes la formule d'un marché pour le vendre.

En général, si l'on condamne les filles qui étouffent leurs enfants quand ils naissent, c'est parce qu'elles réussissent à les soustraire aux projectiles qu'on lancerait plus tard sur eux du haut de tous les toits; c'est parce qu'elles osent faire disparaître une victime qui, un jour, aurait peut-être atteint le

17.

bagne ou l'échafaud, et la justice n'aime pas à être volée : il faut qu'à l'heure dite elle trouve son mort ou son forçat. Eh bien, la même chose existe dans la société : il faut quelqu'un sur lequel puissent se concentrer toutes ses rages, toutes ses persécutions, et si l'on a pu s'écrier : « honneur avant tout à ceux qui ont aimé la poésie jusqu'à en mourir, » nous demanderons au contraire, qu'a-t-il fait pour naître ainsi ? par quelles bizarreries, par quelles flagellations imméritées, pour quel crime héréditaire la poésie et l'art viennent-ils pareils à d'antiques démons, cercler le cerveau d'un homme, et lui mettre au front une de ces marques, pour lesquelles la foule n'a jamais assez de ricanements ?

LA BOHÊME ROMANTIQUE

Louis Bertrand, Philotée O'Neddy,
Mallefille, Étienne Eggis.

ans les rares amitiés qu'on nous accorde, il en est qui, si sincères qu'elles se présentent, ont la vertu d'être presque dégradantes par les expressions de pitié affectueuse dont elles nous honorent. A ce compte-là, il faudrait dire : foin de l'amitié ; car le langage de la pitié sur les lèvres d'un ami est une insulte. Lorsqu'on voit plaindre, en cette forme protectrice que revêt le critique, quelques individualités de poëtes disparus jeunes du monde, une certaine révolte s'empare de nous. Elles ne demandent certes pas une dédaigneuse obole de commisération, ces âmes fières ! Pourquoi allez-vous dévoiler avec un

accent de favoritisme hautain ce qu'elles ont caché toute leur vie ? Il y a dans cette façon de parler des « pauvres diables » de bohêmes, quelque chose qui nous enflammerait de rage si nous étions dignes de nous aligner à côté de ceux-là. Ayez un langage qui, en proclamant toute la vérité qui convient à l'histoire, ne les avilisse pas. Toute réelle misère se dérobe derrière l'œuvre de l'esprit, et nous mériterions qu'on nous répondit lorsque, nous, les exhumeurs de cendres, nous racontons en termes qui les auraient fait rougir, les privations endurées : — Ah ! ça, monsieur, qui vous croyez si spirituel à notre endroit, épargnez vous donc d'enfler votre veine au sujet de notre faim inrassasiable ! Si nous avons eu faim, c'est que nous avons préféré cela à autre chose ; nous ne vous avons pas prié de partager notre jeûne ou de le faire cesser ! Etant donné que, si l'on est poëte lyrique et qu'on vive de cet état, on doit être maigre à faire peur, soyez assez bon pour admettre que si nous avons choisi cette façon de nous sustenter, c'est qu'il nous a été indifférent d'engraisser ou non ; plaignez-nous d'être né ainsi, soit ; rutilez à votre aise sur notre organisation, cela vous regarde ; mais, de grâce, n'énumérez pas si piteusement le froid de nos orteils à peine couverts, et que l'effilochage de nos vêtements ne soit pas une rubrique à faire déborder les larmes faciles des vieilles femmes et des jeunes gens hypocondriaques. Rendez-nous notre dignité, corbleu! et sachez que si nous avons été ce que nous sommes, c'est qu'au bout du compte, nous vous le répétons, cela nous a plu; il n'y a que le bourgeois qui puisse se complaire à vos attendrissements bêtes!

Ceci donné, l'on admettra fort bien avec nous qu'on puisse portraiturer le poëte dans sa pauvreté sans commettre d'outrage. Nous saluons donc ceux qui ont préféré ses tortures plutôt que de se faire juter de la mélasse toute leur vie entre les doigts, et nous découpons le profil de Louis Bertrand qui s'est peint sous le pseudonyme de Gaspard de la Nuit:

« C'était un pauvre diable dont l'expression n'annonçait que misère et souffrance. J'avais déjà remarqué dans ce même jardin — l'Arquebuse à Dijon — sa redingote rapée qui se boutonnait jusqu'au menton, son feutre déformé que jamais brosse n'avait brossé, ses cheveux longs comme un saule et peignés comme des broussailles, ses mains décharnées pareilles à des ossuaires, sa physionomie narquoise, chafouine et maladive qu'effilait une barbe nazaréenne ; et mes conjectures l'avaient charitablement rangé parmi ces artistes au petit pied, joueurs de violon et peintres de portraits, condamnés à courir le monde sur les traces du juif errant. »

Né à Dijon, Louis Bertrand avait débuté dans le *Provincial*, journal rédigé par Théophile Foisset, et Charles Brugnot, le 1er mai 1828 avec une chronique de 1364, intitulée : *Jacques les Andelys*. Un jour Sainte-Beuve avait vu entrer chez lui un jeune inconnu qui, après gracieuse réception, s'était mis à lire plusieurs petits poëmes d'un fini et d'une délicatesse d'exécution inouïe. Sainte-Beuve garda le manuscrit quelques jours, et communiqua à quelques intimes les pages de ce poëme, en prose, qui devait s'appeler *Gaspard de la Nuit*. C'étaient de petites pièces rhythmées, en façon de strophes, d'un émail et d'un fini précieux, qui s'appelaient, le *Maçon*, la *Tulipe*, la *Chambre Gothique*, les *Sylves* etc. Tout le moyen âge était groupé là, comme il est groupé dans un missel ou dans une église gothique. « L'originalité de l'auteur, disait le critique déjà cité, consiste précisément à avoir voulu relever et enfermer sous forme d'art sévère et de fantaisie exquise, ces filets de vin clairet qui avaient toujours jusque là coulé au hasard et comme par les fentes du tonneau. » C'était un travail d'architecte. Si l'on veut se rendre compte que chaque mot était détaillé comme les pierres d'une frise, chaque phrase creusée et enroulée autour de l'idée en manière de volute il n'y a qu'à lire les deux pièces suivantes :

LE GIBET.

« Ah ! ce que j'entends, serait-ce la bise qui glapit, ou le pendu qui pousse un soupir sur la fourche patibulaire?

« Serait-ce quelque grillon qui chante tapi dans la mousse et le lierre stérile dont, par pitié, se chausse le bois?

« Serait-ce quelque mouche en chasse sonnant du cor autour de ces oreilles sourdes à la fanfare des hallali ?

« Serait-ce quelque escarbot qui cueille en

son vol inégal un cheveu sanglant à ce crâne chauve ?

« Ou bien serait-ce quelque araignée qui brode une demi aune de mousseline pour cravate à ce col étranglé ?

« C'est la cloche qui tinte aux murs d'une ville, sous l'horizon, et la carcasse d'un pendu que rougit le soleil couchant. »

LA CHAMBRE GOTHIQUE.

Nox et solitudo plenæ sunt diabolo.
La nuit ma chambre est pleine de diables.

« Oh ! la terre, — murmurai-je à la nuit, — est un calice embaumé dont le pistil et les étamines sont la lune et les étoiles.

« Et, les yeux lourds de sommeil, je fermai la fenêtre qu'incrusta la croix du Calvaire, noire dans la jaune auréole des vitraux.

« Encore si ce n'était à minuit, — l'heure blasonnée de dragons et de diables ! — que le gnome qui se soûle de l'huile de ma lampe !

« Si ce n'était que la nourrice qui berce avec un chant monotone, dans la cuirasse de mon père, un petit enfant mort né !

« Si ce n'était que le squelette du lansquenet

emprisonné dans la boiserie, et heurtant du front, du coude et du genou !

« Si ce n'était que mon aïeul qui descend en pied de son cadre vermoulu, et trempe son gantelet dans l'eau bénite du bénitier !

« Mais c'est Scarbo qui me mord au cou, et qui, pour cautériser ma blessure sanglante, y plonge son doigt de fer rougi à la fournaise ! »

Il faut tout dire, Sainte-Beuve en écrivant sur Louis Bertrand, est quelque peu perfide et semble faire « la grimace d'un chat qui a bu du vinaigre ».

« De telles imagettes, disait-il, sont comme le produit du daguerréotype en littérature, avec la couleur en sus... Mais alors de telles comparaisons ne venaient pas. Plus d'un de ces jeux gothiques de l'artiste dijonnais, pouvait surtout sembler à l'avance une ciselure habillement faite, une moulure enjolivée et savante destinée à une cathédrale qui était en train de s'élever. Ou, encore, c'était le peintre en vitraux qui coloriait, et qui peignait ses figures par parcelles, en attendant que la grande rosace fut montée. »

Nous n'appellerons certes pas ces petits tableaux des *imagettes*, et nous avouerons à la mémoire du grand critique, renier ce diminutif qui détonne dans l'appréciation si exactement prise du talent de Louis Bertrand.

La chanson du pélerin qui heurte pendant la nuit sombre et pluvieuse, à l'huis d'un châtel, adressée au gentil et gracieux trouvère de Lutèce, Victor Hugo, est une allusion dont chacun reconnaîtra le sens adroitement caché :

— Comte en qui j'espère,
Soient au nom du père
 Et du fils,
Par tes vaillants reîtres
Les félons et traîtres
 Déconfits·

. . . .

J'entends un vieux garde,
Qui de loin regarde
 Fuir l'éclair,
Qui chante et s'abrite,
Seul en sa guérite,
 Contre l'air.

Je vois l'ombre naître,
Près de la fenêtre
 Du manoir,
De dame en cornette
Devant l'épinette
 De bois noir.

Et moi barbe blanche
Un pied sur la planche
   Du vieux pont,
J'écoute, et personne
A mon cor qui sonne
   Ne répond.

— Comte en qui j'espère
Soient au nom du père
   Et du fils,
Par tes vaillants rîtres
Les félons et traîtres
   Déconfits.

Ce fut le sculpteur David d'Angers qui veilla les derniers jours de Louis Bertrand à l'hôpital Necker : c'était au commencement de Mai 1841. Le matin de sa mort, il arriva trop tard; on avait eu le temps de descendre le cadavre à l'amphithéatre et d'en extraire, soit le foie, soit le cerveau. Lorsque la science eut prélevé son tribut, on fit cette chose de l'enterrement qui, dans les maisons de l'Assistance publique, est toujours économiquement tranchée. On évite de faire brûler les cierges sur ces bières en bois mince qui débarrassent le monde de gens aussi inutiles que des poëtes ou des écrivains. — « Cependant, raconte David dans une lettre publiée au tome I de la *Revue du Maine et de l'Anjou*, j'ai vu avec reconnaissance une jeune fille émue à la vue de ce cercuil sans drap mortuaire, nu comme les inflexibles murs d'un cachot, et quelques vieilles faisant un signe de croix.

« L'orage qui grondait sourdement pendant ce triste trajet, fit entendre, à notre arrivée à la chapelle, son énergique et sombre rumeur. Le prêtre, assisté d'un servant, dit l'office des morts devant moi, seul représentant de la famille du pauvre abandonné des hommes. Pendant cette cérémonie, des éclairs ne cessèrent de déchirer le ciel et d'illuminer les saints de la chapelle, d'une lumière blafarde. Le prêtre partit; je restai seul dans l'église, attendant pendant plus de trois quarts d'heure l'arrivée du corbillard; le tonnerre hurlait violemment, et moi, gardien des restes inanimés mais éloquents du pauvre Bertrand, je sentais remuer au fond de mon âme un monde de sensations impossibles à décrire. — Quelques visages rongés par la maladie, paraissaient par intervalle à l'ouverture de la porte; au fond de la chapelle, une sœur de l'hospice décorait un autel de guirlandes, pour la fête du lendemain.

« Le corbillard arriva enfin; nous sortîmes

de l'hospice pour nous rendre au cimetière de Vaugirard ; la pluie tombait alors par torrents ; le char poursuivait sa route funèbre ; nous étions seuls, le mort et moi, car l'orage avait chassé tous les promeneurs, et d'ailleurs, qui pouvait deviner que ces restes étaient ceux d'une intelligence élevée ?

« Le coup de sifflet du gardien du cimetière annonça l'arrivée d'un nouvel hôte dans la demeure de l'oubli ; deux hommes prirent le cercueil, et le confièrent à l'une de ces bouches altérées et béantes toujours prêtes à engloutir indistinctement le crime, la vertu, le génie et l'ignorance stupide. La terre résonna sourdement sur les planches caverneuses, et lorsqu'elle se fut élevée en monticule, et ne parut plus qu'une cicatrice, j'adressai un dernier adieu à la triste relique. Je fis planter une croix, portant pour inscription un nom qui sans doute fût devenu populaire, si les hommes, moins absorbés dans leur égoïsme, se fussent préoccupés de soutenir le génie étouffé trop souvent par l'envie et l'indifférence. »

Telle s'acheva cette lugubre existence, dont la triste fin n'aurait pourtant pas le pouvoir de détacher de l'art ceux auxquels elle est encore et toujours réservée.

II.

Une figure bizarrement énergique était celle de Théophile Dondey. Il avait pris l'anagramme de son nom et en avait fait le pseudonyme de Philotée O'Neddy, parce qu'il possédait le même prénom que Théophile Gautier. C'était un des affiliés du clan de Petrus Borel à la montagne Rochechouart, un paroxyste effréné ; il ullulait dans le chœur athlétique des Jeunes France. Son poëme de *Feu et Flamme* est resté l'expression si nette, si absolument précise de l'époque, que jamais document plus local ne pourra être exhumé.

Dans quelques pages hardies et brutalement découpées, nous mettons le doigt sur toutes ces figures du temps qu'on rencontrait souvent chez Jehan du Seigneur. Le poëme est divisé par *nuits*. Nous donnons les *Rodomontades* du premier nocturne :

> Bohémiens sans toits, sans bancs,
> Sans existence engaînée,
> Menant vie abandonnée
> Ainsi que des moineaux francs
> Au chef d'une cheminée.
> Petrus Borel.

Pour un peintre moderne, à cette heure de lune,
Ce serait, sur mon âme, une bonne fortune

De pouvoir contempler avec recueillement
La scène radieuse au sombre encadrement,
Que le jeune atelier de Jehan, le statuaire,
Cache dans son magique et profond sanctuaire !

Au centre de la salle, autour d'une urne en fer,
Digne émule en largeur des coupes de l'enfer,
Dans laquelle un beau punch aux prismatiques flammes
Semble un lac sulfureux qui fait houler ses lames,
Vingt jeunes hommes, tous artistes dans le cœur,
La pipe ou le cigare aux lèvres, l'œil moqueur,
Le temporal orné du bonnet de Phrygie,
En barbe Jeune France, en costume d'orgie,
Sont pachalesquement jetés sur un amas
De coussins dont maint siècle a troué le damas

Et le sombre atelier n'a pour tout éclairage
Que la gerbe du punch, spiritueux mirage

. . . .

Quand on vit que du punch s'éteignait le phosphore
Mainte coupe d'argent, maint verre, mainte amphore,
Ainsi qu'une flotille au sein du bol profond,
Par un faisceau de bras furent coulés à fond.
Rivaux du templier du siècle des croisades,
Nos convives joyeux burent force rasades,
Chaque cerveau s'emplit de tumulte, et les voix
Prirent superbement la parole à la fois.

Alors un tourbillon d'incohérentes phrases,
De chaleureux devis, de tudesques emphases,
Se déroula, hurla, bondit au gré du rhum,
Comme une rauque émeute à travers un forum

Vrai Dieu ! quels insensés dialogues ! — L'analyse
Devant tout ce chaos moral se scandalise.—

Comment vous révéler ce vaste encombrement
De pensers ennemis, ce chaud bouillonnement
De fange et d'or ?.., Comment douer d'une formule
Ces conversations d'enfer où s'accumule
Plus de charivari, de tempête et d'arroi
Que dans la conscience et les songes d'un roi ?...
. . . .
L'un des vingt redressant sa tête qui fermente,
Pour lutter de vacarme avec cette tourmente,
D'une voix qui vibrait comme un grave Kinnor,
Se mit à réciter des strophes de Victor.

Et tous énamourés de cette poésie
Qui pleuvait sur leurs sens en larmes d'ambroisie,
Se livraient de plein cœur à l'oscillation
D'une vertigineuse hallucination.
Il y avait dans l'air comme une odeur magique
De moyen âge — arôme ardent et névralgique
Qui se collait à l'âme, imprégnait le cerveau,
Et faisait serpenter des frissons sur la peau.
Les reliques d'armure aux murailles pendues
Stridaient d'une façon bizarre ; — les statues
Tressaillaient sourdement sur leurs socles de bois,
Prises qu'elles étaient de glorieux émois,
Et se sentant frôler par les ailes sonores
Des strophes de métal, lyriques météores :
— Comme sous les genêts d'un beau mail espagnol,
Parmi les promeneurs éperdus sur le sol,
Ses jeunes cavaliers tressaillent quand la soie
Des manches de leurs dames en passant les coudoie

— Oh ! les anciens jours ! dit Reblo : les anciens
jours !
Oh ! comme je leur suis vendu ! comme toujours

Leur puissante beauté m'ensorcèle et m'enivre
Camarades, c'était là qu'il faisait bon vivre
Lorsqu'on avait des flots de lave dans le sang,
Du vampirisme à l'œil, des volontés au flanc !

Après quelque silence, un visage moresque
Leva tragiquement sa pâleur pittoresque,
Et faisant osciller son regard de maudit :
Sur le conventicule avec douleur il dit :
— Certes, il faut avouer que notre fanatisme
De camaraderie est un anachronisme
Bien stérile et bien nul ! — Ce n'est plus qu'au désert
Qu'on peut en liberté rugir. — A quoi nous sert
Dans une époque aussi banale que la nôtre,
D'être prêts à jouer nos têtes l'un pour l'autre ? —
Si, me jugeant très-digne au fond de ma fierté
De marcher en dehors de la société,
Je plonge sans combat ma dague vengeresse
Au cou de l'insulteur de ma dame et maîtresse
Les sots, les vertueux, les niais m'appelleront
Chacal !... Tout d'une voix ils me décerneront
Les honneurs de la grève ; et si les camarades
Veulent pour mon salut faire des algarades,
Bourgeois, sergents de ville et valets de bourreau,
Avec moi les cloûront au banc du tombereau. —
Malice de l'enfer......

— J'acclame volontiers à ton deuil solennel
Dit au pérorateur l'architecte Noël
Mais tout n'est pas servage en la sphère artistique :
Si nous ne possédons nulle force physique
Pour chasser de sa tour et mettre en désarroi
Le Géant spadassin qu'on appelle la loi,
Les arsenaux de l'âme et de l'intelligence

Peuvent splendidement servir notre vengeance.
Attaquons sans scrupule en son règne moral,
La lâche iniquité de l'ordre social.
Lançons le paradoxe ; affirmons dans vingt tomes
Que les mœurs, les devoirs, ne sont que des fantômes
Battons le mariage en brèche ; osons prouver
Que ce trafic impur ne tend qu'à dépraver
L'intellect et les sens; qu'il glace et pétrifie
Tout ce qui lustre, adorne, accidente la vie.
Je sais bien que déjà plusieurs cerveaux d'airain
S'emmantelant aussi d'un mépris souverain
Pour les vils préjugés de la foule insensée,
Se sont faits avant nous brigands de la pensée.
Mais parmi les forêts de vénéneux roseaux
Que l'étang social couronne de ses eaux,
C'est à peine s'ils ont détruit une couleuvre.
Il serait glorieux de parachever l'œuvre,
Et de faire surgir, du fond de ce marais,
Une île de parfums et de platanes frais. —

— Silence !... écoutez tous, frères !.. se mit à dire
Don José. l'œil en flamme et l'organe en délire.
Ecoutez ! je m'en vais vous prouver largement
Que nous pouvons scinder même physiquement
De la société l'armure colossale
Et de nos espadons rendre la chair vassale !..
— Il n'est pas au néant descendu tout entier
Le divin moyen âge : un fils, un héritier
Lui survit à jamais pour consoler les Gaules.
En vain mille rhéteurs ont lancé des deux pôles
Leur malédiction sur ce fils immortel,
Il les nargue, il les joue... Or, ce dieu c'est le duel.
— Voici ce que mon âme à vos âmes propose.

Lorsqu'un de nous, armé pour une juste cause,
Du fleuret d'un chiffreur habile à ferrailler
Aura subi l'atteinte en combat singulier,
Nous jetterons, brulés d'une ire sainte et grande,
Dans l'urne du destin tous les noms de la bande,
Et celui dont le nom le premier sortira,
Relevant le fleuret du vaincu, s'en ira
Combattre l'insolent gladiateur : s'il tombe,
Nous élirons encore un bravo sur sa tombe :
Si l'homme urbain s'obstine à poser en vainqueur,
Nous lui dépêcherons un troisième vengeur,
Et toujours ainsi, jusqu'à l'heure expiatoire.
Où le dé pour nos rangs marquera la victoire !

Pendant que Don José parlait, un râlement
Sympathique et flatteur circulait sourdement
Dans l'assemblée — Et quand ses paroles cessèrent,
Des acclamations partirent, s'élancèrent
Avec plus de fracas, de fougue, de fureur,
Qu'un *Te Deum* guerrier sous le grand empereur..

Ce fut un long chaos de jurons, de boutades,
De hurrahs de tollés et de rodomontades,
Dont les bruits jaillissant clairs, discordants et durs,
Comme une mitraillade allaient cribler les murs.

. . . .

Et jusques au matin les damnés Jeune France
Nagèrent dans un flux d'indicible démence
—Echangeant leurs poignards—promettant de percer
L'abdomen des chiffreurs — jurant de dépenser
Leur âme à guerroyer contre le siècle aride. —
Tous, les crins vagabonds, l'œil sauvage et torride
Pareils à des chevaux sans mors ni cavalier,
Tous hurlant et dansant dans le fauve atelier,

Ainsi que des pensers d'audace et d'ironie
Dans le crâne orageux d'un homme de génie

III.

Comme le héros de Shakespeare, de temps à autre on ôte son chapeau pour voir s'il n'a pas pris feu à une étoile.

« Mourez donc et que ça finisse ! esprits qui avez dit votre dernier mot, » s'écriait-on. « A bas tout le monde et vive moi, le moi qui a vingt ans. »

Dans les fameuses galeries de bois où régnait le libraire Ladvocat, on entendait des jeunes gens chantonner ces vers :

> L'amour naît et ta porte est close,
> Lève toi ; pourquoi sommeiller ?
> A l'heure où s'éveille la rose
> Ne vas-tu pas te réveiller ?
>
> ô ma charmante
> Ecoute ici
> L'amant qui chante
> Et pleure aussi
>
> Tout frappe à la porte bénie !
> L'aurore dit : je suis le jour ;
> L'oiseau dit : je suis l'harmonie,
> Et mon cœur dit : je suis l'amour.

Un nouveau venu, Félix Arvers, s'inspirait sans plagiat du poëme d'Albertus au second acte d'un de ses drames sur la mort de François I*er*, et ne craignait pas d'édifier cette brusque déclaration :

Si, des livres nouveaux, le ton vous scandalise,
Quelle nécessité qu'une vierge les lise ?
Est-ce qu'une œuvre d'art a la prétention
D'être un cours de morale et d'éducation ?

. . . .

L'art n'est pas éhonté, mais croyez qu'en effet
Votre étroite pudeur n'est pas du tout son fait;
L'art n'est pas fait pour vous, mesdames les Com-
tesses ;
Il s'accommode mal de vos délicatesses.
Pour vous, prudes beautés, bégueules de salon,
Qui n'osez regarder en face l'Apollon,
Qui jetez un manteau sur les lignes hardies
De la Vénus antique.

« Alors, dit Jules Janin en parlant de l'époque où disparaissait Lafayette, il y avait dans Paris une insurrection d'écrivains nouveaux venus, qui ne pouvaient pas suffire à tous les contes, à tous les romans, à toutes les nouvelles de la consommation quotidienne. On publiait en ce temps-là, en huit ou dix tomes, s'il vous plaît, *les Contes bruns*, *les Contes roses*, *le Livre des Jeunes Femmes*, *le Livre des très-jeunes Femmes*, *à la Brune*, *à Minuit*, *Entre chien et loup*, et, sous le moindre prétexte, pour avoir été soldat marin, médecin, étudiant, homme d'Etat, jeune fille ou veuve, plus ou moins veuve de la grande armée, on se trouvait en droit de publier les mémoires et les impressions de sa vie, et toutes ces choses se lisaient peu ou prou, tant la calme lecture était un grand besoin après toutes ces agitations de la rue. On lisait pour lire, on lisait pour oublier; on lisait les petits écrivains, justement parce que les grands écrivains étaient en marche; le nombre des lecteurs est considérable que M. de Balzac a donnés à ses confrères. Tel jeune homme, à lire les *Odes et Ballades*, se trouvait poëte « Et moi aussi ! » se disait-il. Nos souvenirs ont conservé des pièces charmantes, écrites sous la vive et première impression de Joseph Delorme. Ecoutez par exemple, ce sonnet charmant — Joseph Delorme avait remis le sonnet en rare et difficile honneur — et dites-moi, s'il n'est pas dommage que ces choses là disparaissent à tout jamais, comme un article de journal ? :

Mon âme a son secret, ma vie a son mystère,
Un amour éternel en un moment conçu.
Le mal est sans espoir, aussi j'ai dû le taire,
Et celle qui l'a fait n'en a jamais rien su.

Hélas, j'aurai passé près d'elle inaperçu,
Toujours à ses côtés, et pourtant solitaire,
Et j'aurai jusqu'au bout fait mon temps sur la terre,
N'osant rien demander et n'ayant rien reçu !

Pour elle, quoique Dieu l'ait faite douce et tendre,
Elle ira son chemin, distraite, et sans entendre
Ce murmure d'amour élevé sous ses pas.

A l'austère devoir pieusement fidèle
Elle dira, lisant ces vers tout remplis d'elle :
« Quelle est donc cette femme ? » et ne comprendra pas.

Une figure entre toutes, celle de Don Juan, devait être nécessairement exploitée par la nouvelle école. Ce fut ce qu'entreprit Mallefille, plus tard auteur de la pièce *le Cœur et la Dot*, en écrivant les mémoires où Don Juan viole l'hospitalité reçue en séduisant la femme de son cousin, Dona Téresa, et en se faisant aimer de leur pupille. « Le hasard pense-t-il, me jette au milieu de cette famille; qu'en résulte-t-il ? Désordre, ruine et déshonneur. — J'aime l'une, j'aime l'autre, je n'aime ni l'une ni l'autre, suis-je un méchant ? Non, sur mon âme, non ! Je donnerais ma vie pour leur bonheur. — Quelle est donc la cause de cette effroyable anomalie; quelle est cette fatalité qui pousse au mal une bonne volonté; suis-je le maître de mes actions ? Ni moi, ni les autres. Qu'est-ce donc que la vertu ? Qu'est-ce que l'âme ? Qu'est-ce que l'homme ? » Ainsi s'exprime le Don Juan de Mallefille, et toute la vie de son héros se résout dans ce fait unique : séduire surtout des femmes chastes comme la mie de pain, sobres comme des fourmis, dévotes comme des madrilènes. Un jeune et rêveur Lucifer, incarné dans la peau d'un homme, une espèce d'odyssée du vice où se révèle le pacte diabolique, que tout être accomplit silencieusement en son coin de conscience le plus retiré, voilà en deux lignes, ce qui a tenté l'analyse de Mallefille dans son Don Juan.

Vers 1840, à peu près, une deuxième génération romantique continue la première. Un peu plus tard, en 1851, Etienne Eggis inaugure ainsi la première page de son volume de vers : *En causant avec la Lune.*

« Il existe ici bas une classe d'hommes étranges ; ils portent des cheveux longs et bouclés comme le Christ. Ils ont dans leur large prunelle le regard fixe, ardent et profond des aigles, des lions et des rois. Ils aiment la lune, la mer, les montagnes. Ils vont souvent à la marge des grandes forêts, écouter chanter la nature, cette ode simple et sublime d'un grand poëte qu'on appelle Dieu. Ils passent à travers les foules, calmes, rayonnants et doux.

« J'ai essayé de chanter moi aussi, comme ces hommes aux longs cheveux qu'on appelle poëtes.

« Pauvre et humble artiste, je continuerai mon œuvre solitaire, calme, grave et serein. Rempli de la sublime et sainte folie de l'art, je travaillerai comme les vieux maîtres allemands ou italiens du moyen âge, sans me laisser troubler par les bruits du dehors et les rumeurs de la place publique. Je laisserai rire les hommes qui n'ont point de cœur, et je marcherai toujours en avant, sans colère et sans haine, la flamme au cœur, la harpe en bandouillière et les yeux sur l'horizon où resplendit calme et éternel comme Dieu, le vaste et splendide soleil de l'art. Si, sur ma route, quelque main sympathique m'est tendue, si quelque voix de frère me dit, courage! je serai heureux et je le bénirai. »

La main qui se tendit vers Etienne Eggis, ce fut celle d'Arsène Houssaye. Nous ne sommes certes pas d'humeur bénisseuse de notre naturel, et nous ne nous soucions, parbleu, d'adresser de flatterie à aucun. Mais la vérité nous a toujours ardé le cœur, et nous ne voyons guère pourquoi on ne raconterait pas ce que le directeur de l'*Artiste* entreprit à l'égard du poëte Etienne Eggis lorsque :

La faim et la misère
Jetaient sur son bonheur leur chemise de haine.

Il le recueillit chez lui, et meubla un pavillon à son intention. L'enragé noctambule habita quelque temps Beaujon. Mme Arsène Houssaye, une de ces femmes dont la race ne tend guère à se continuer, aida son mari dans cette bonne action. faite si simplement, elle mit un piano dans la chambre du poëte; ce piano fut l'âme de la cellule, car Etienne Eggis était un musicien consommé. Mais il se lassa de cette quiétude, il préférait coucher sous les arches de ponts. Un jour Eggis oublia tout à fait — tant son propriétaire mettait de bonne grâce à le lui faire oublier — que les meubles n'étaient pas à lui ; il les vendit à un brocanteur, et s'en fut, probablement causer avec la lune dans un autre endroit. Quelque temps après, la raison, la mémoire lui revenant, chacune des lettres qu'il écrivait à son ami se terminait par cette formule : « votre reconnaissant et dévoué voleur. »

Nous détachons ici, de son livre, une pièce dans laquelle le retour périodique de deux vers crée un effet inaccoutumé :

La lune est belle et la brise est dormante,
Jeunes amants, embrassez votre amante.

    Lorsque l'orage est en chemin,
    Le lac devient tranquille et calme ;
    Quand notre vie enfin se calme,
    C'est que la mort nous tend la main.

La lune est belle et la brise est dormante,
Jeunes amants, embrassez votre amante.

    Au fond des fleurs rampe le ver,
    Toute joie est vite ravie ;
    La douleur remplit notre vie ;
    Après le printemps vient l'hiver.

La lune est belle et la brise est dormante,
Jeunes amants embrassez votre amante.

    Tout est faux, même le remord ;
    Autour de nous tout est mensonge :
    L'amour ici bas est un songe
    Dont le réveil est dans la mort.

La lune est belle et la brise est dormante,
Jeunes amants, embrassez votre amante.

Eggis a signé avant de mourir une théorie abracadabrante sur les noms connus. Selon lui, le nom est l'expression de l'homme. Son *Voyage aux Champs-Elysées* est digne du *Voyage à la Lune*, de Cyrano de Bergerac; aussi est-il hors de prix dans les ventes publiques. Et cependant son existence, si fantaisiste qu'elle soit, ne porta pas les germes de cette paresse féconde qui fit les Mürger et les Gozlan.

LES ROMANTIQUES
D'ARRIÈRE-GARDE

Alphonse Esquiros, Roger de Beauvoir, Charles Coran, Henri Vermot, Baudelaire, Napol le Pyrénéen, Charles Didier, Catulle Mendès, Barbey d'Aurevilly, Clément Privé.

N'oublions pas les romantiques d'arrière-garde, non plus que les romantiques d'avant garde. Par exemple, Esquiros n'est venu qu'après coup; mais c'était un des vaillants, celui qui disait :

« La lune écu d'argent, le soleil louis d'or. »

et dont les deux recueils : *Les Hirondelles* et *Fleur du Peuple*, ne se retrouvent plus qu'à l'hôtel Drouot; Charles Coran, et ses *Rimes galantes*; Roger de Beauvoir, que Barbey d'Aurevilly appelle un Musset brun.

Il y a, en effet, dans *Colombes et Couleuvres*, dans les *Meilleurs fruits de mon panier*, la facture du vers de Musset, la chanson qui met à la lèvre un pli d'amertume. C'est aussi l'inquiétude de l'homme moderne qui se trahit chez l'anacréontique viveur, avec moins de lyrisme et un accent de découragement intime moins marqué que chez le poëte de Rolla. Son sourire est plus prolongé; mais que l'on devine bien l'ombre cernant le regard sous les lueurs des soleils amoureux ! Il n'y a qu'à rappeler les pièces intitulées le *Rire* et celle de *Hier* :

> J'eus un ami pendant vingt ans,
> C'était la fleur de mon printemps,
> Tout cédait à son gai délire,
> Le plus morose le fêtait;
> Comme il buvait, comme il chantait !
> Cet ami s'appelait le rire.

> A l'heure des soupers joyeux,
> Quand l'aï pétille en vos yeux,
> Que les couplets partent des lèvres;
> Qu'il nous tombe un conteur charmant,
> Et qu'on boit le moka fumant
> Dans l'émail de Chine ou de Sèvres;

> Quand on ne fait plus de journaux,
> Quand les huissiers vous semblent beaux,
> Qu'à Chloé l'on se prend à croire,

Qu'on trouve de l'esprit aux gueux,
Grâce au pâté de Périgueux,
Endormi sous sa truffe noire ;

Quel meilleur ami, répondez,
Que ce garçon-là ? Regardez,
Sur vous comme il prenait d'empire !
L'œil vif, le gilet entr'ouvert,
Il tirait sa flûte au dessert,
Ce gai Roger Bontemps, le Rire !

Nous montions aux mêmes balcons,
Nous vidions les mêmes flacons.
Il était si beau dans l'ivresse !
A l'aube il pâlissait un peu.....
Nous nous quittions, et pour adieu,
Moi, je lui laissais ma maîtresse !

Le dernier souper que je fis,
Il me prit la main : « O mon fils,
Me dit-il, adieu, je m'exile ;
A Paris on ne m'aime pas ;
J'y vois trop de grecs, d'avocats,
En n'entre guère au Vaudeville !

« Adieu ! souviens-toi d'un ami,
Qui t'a d'un pas mal affermi
Souvent reconduit à ton gîte.
J'irai te visiter encor,
Même ailleurs qu'à la Maison d'or,
Mais songe que le temps va vite ! »

Hélas ! Hélas ! il est parti !
A ses serments il a menti,

Je demeure seul en ma chambre....
La neige tinte à mes carreaux,
Je me chauffe avec mes journaux.
C'était Avril, je suis Décembre !

Eh quoi ! l'avoir sitôt perdu !
J'ai brisé le verre ou j'ai bu
Tant de fois dans sa compagnie....
Quelquefois je fais un effort,
Mais mon pauvre rire est bien mort,
Et mon âme est à l'agonie.

Car ils m'ont tout pris, les méchants !
Ma gaité, mon bien et mes chants ;
Autour de moi monte le lierre,
Le lierre qui festonnera
L'humble tombe où l'on me mettra,
Sans regret comme sans prière !

Paris, 1862.

HIER

CHANSON.

Hier encore j'aimais le son
Et la colline au manteau sombre,
La rosée aux perles sans nombre,
Et le lis au mol encensoir ;
J'aimais les fleurs et leurs clochettes,
Et sur le miroir des étangs
Les mobiles bergeronnettes....
Mais hier, c'était le printemps !

Hier encor quand vous passiez,
Si belle dans les grandes herbes,
J'enviais le bonheur des gerbes,
Que de la main vous caressiez ;
Et quand vous touchiez chaque rose,
Je songeais à l'ange aux doigts blancs
Qui les entr'ouvre et les arrose.....
Mais hier, c'était le printemps !

Hier encor j'aimais mon toit,
Qu'à l'aube effleure l'hirondelle,
Les bois et la mousse nouvelle,
Et la source où le pâtre boit ;
J'aimais les oiseaux de ma plaine,
Et près d'eux m'en allais chantant
Le nom de Rosine, ma reine......
Mais hier, c'était le printemps !

Aujourd'hui tout se tait là-bas,
La colline, hélas ! est sans brise ;
La gerbe languit et se brise,
Le sol ne reçoit plus vos pas.
Aujourd'hui, plein d'humeur chagrine,
Loin de vous je vais pour longtemps.
Hier, qui me l'eut dit, Rosine ?
Mais hier, c'était le printemps.

Les vers qu'il adressait à Gautier, sur la *Comédie de la mort*, resteront aussi longtemps que les chansons :

Oui, je relis ce livre au sévère portique,
Comme l'étudiant, vers la classe, en rabat,

Suit Méphistophélès, professeur de logique ;
Aussi prenant en main le pan de ta tunique,
Docteur, je t'ai suivi vers le champ du Sabbat.

Pour danser en ton drame une infernale ronde,
Tes spectres n'en sont pas moins doux sous leur camail
Ta furie est souvent une maîtresse blonde,
Et quand de ton Averne on retire la sonde,
On en ramène, ami, la perle et le corail !

Malgré cet appétit de la grande Chartreuse
On voit, beau repenti, que tu chéris le bal ;
Tu chantes à la mort une strophe amoureuse,
Et, pour la Thébaïde, elle n'est pas si creuse
Que l'amour ne le trouve, à la nuit, sans fanal.

Vainement de tons verts tu charges ta palette,
Comme fait Caneno pour un de ses martyrs ;
Tu laisses trop de nœuds de rose à ton squelette,
Trop de livres d'amour couchés sur ta tablette,
Et dans ton jeune vers trop d'âme et de désirs !

Aussi, comme un amant qu'un grand linceul déguise,
Tu nous a séduits tous, doux et triste rameur
Qui glisses sur les eaux par la brume et sans brise.
Le drap de ta gondole est noir comme à Venise....
Mais tu sais quels amours y dorment sur ton cœur !

Roger de Beauvoir fut la coupe de vin de Champagne répandue sur la nappe, que les truands tachaient de leur vin rouge. Son *Ecolier de Cluny* donna à Gaillardet, la création de la *Tour de Nesle*.

A côté de lui, n'oublions pas Charles Didier, Napol le Pyrénéen, pour lesquels nous renvoyons aux documents bibliographiques de Charles Asselineau, Henri Vermot, qui pleurait sa jeunesse à vingt ans, ce qui fit dire au très-vieux Lacretelle jeune :

Donnez-moi vos vingt ans si vous n'en faites rien.

II

Après la Révolution de 1848, la situation devint plus tendue. La société qui préside aujourd'hui à toutes nos évolutions intellectuelles, se dessinait vaguement; mais on ne la pressentait pas aussi menaçante qu'elle est devenue. En effet, Baudelaire ne publia ses *Fleurs du mal* qu'en 1857 et, jusque-là, il n'aurait jamais soupçonné cette exorbitance d'inouïsme, d'une condamnation pour outrage aux mœurs, l'atteignant dans ses plus nobles prérogatives de poëte.

Il faut constater autour de soi maintenant la série des mouchards illustres ou obscurs conspirant dans l'ombre, auxquels nous décernons le coup de chapeau du boulevard, parce qu'il est utile d'entretenir une trêve apparente.

Mais, vers 1840, reconnaissons-le, les camps littéraires pouvaient être tranchés sans exposer leurs partisans aux mêmes violences ; les querelles se passaient entre les bourgeois de chaque catégorie et l'on était toléré romantique, si cela s'appelle de la tolérance, sans être traduit en police correctionnelle. L'auteur des *Fleurs du mal* se croyait-il toujours en 1840 ? Ce qu'il y a de certain, c'est que le réveil fut douloureux. Un jeune substitut déchiqueta le livre de ses ongles naissants. Il se sentait blessé dans ses convictions de lycéen, ce jeune homme ; sa haute expérience ayant peut-être devancé les années chez lui, ne l'autorisait point à laisser libre le cri de délire d'un malheureux ; un poëte dans un élan de colère ne pouvait nier Dieu, pas plus qu'un philosophe. Se déclarer franchement, loyalement athée, dans un large chant de désespoir où l'on voit bien que l'âme est triste jusqu'à la mort, et que le corps est traversé jusqu'aux os, c'était là un crime, et l'on traîna Charles Baudelaire devant ses juges. Le réquisitoire promena sur les fulgurantes pétales des *Fleurs du mal* son acrimonieuse éloquence ; mais un témoin très-oculaire, assure que le ministère public eut une contenance des plus embarrassées. Ce témoin est M. Charles Asselineau, auquel nous emprunterons ces détails. « On s'attendait, dit-il à propos du substitut, à le voir planer et se maintenir à la hauteur d'un procès poétique. En l'entendant, il nous fallut rabattre un peu de cet espoir. Au lieu de généraliser la cause, et de s'en tenir à des considérations de haute morale, M. P*** s'acharna sur des mots, sur des images; il proposa des équivoques, des sens mystérieux auxquels l'auteur n'avait pas songé, atténuant ses sévérités par des protestations d'indulgence naïve. — « *Mon Dieu je ne demande pas la tête de M. Baudelaire!* » — C'était encore fort heureux — « *je demande un avertissement seulement...* »

Dans toute cette affaire, il est cependant quelque chose qui nous étonne, c'est que le Ministère public ait consenti à laisser les amis de l'incriminé l'entourer, lui prouver leur sympathie, au lieu de réclamer le huis-clos. L'un des immortels faisandés de l'institut s'efforçait de prouver à Baudelaire ce qui ressortait d'honorable dans cette ineffable méchanceté grouillante; mais Baudelaire restait, paraît-il, abasourdi, n'en croyant pas ses oreilles. Dame! on a eu une vie énergiquement trempée, dans l'honneur, dans le travail; on peut en vider tous les tiroirs à plein ciel; on a reçu le matin les manifestations chaleureuses de tout un quartier, et il semble à l'écrivain qui sort de l'audience, qu'un forçat ne mettrait certainement pas sa main dans la sienne, et que le plus vil recoin du bagne serait encore trop pur pour lui, tant il est imprégné de la boue qu'on a fait ruisseler sur ses épaules. Oui, Baudelaire restait stupéfait; il ne comprenait pas. Il avait cette attitude bêtement ahurie que nous nous souvenons d'avoir eue nous-même dans des circonstances pareilles. — « Vous vous attendiez donc à être acquitté, demanda M. Charles Asselineau à son ami ? — Acquitté ! répliqua-t-il, mais je pensais, mais j'attendais qu'on me ferait réparation d'honneur ! » Et c'est ainsi que Charles Baudelaire sortit de l'audience.

L'écrivain, en naissant, est prédestiné à l'ignominie, il est bon qu'il le sache dès le début, sans métaphore; le bagne l'appelle, et il lui suffit de tenir une plume pour qu'il sente organiser autour de lui un cercle occulte et judiciaire, qui échelonne les degrés d'une main habile, préparant les talus sur lesquels on tâchera de le faire glisser. Il faut donc louer Baudelaire d'avoir osé démasquer ses persécuteurs en leur montrant clairement qu'il les connaissait ; il faut le louer de n'avoir été ni poltron ni flagorneur, devant ceux qui tiennent les destinées des gens de lettres.

C'est quelque chose de si horrible qu'un poëte ; c'est une bête tellement immonde, qu'on serait récompensé par l'Etat si on trouvait le secret de le *supprimer* sans laisser de traces. Quoi, cet homme se permet de rêver quand vous remuez des banques, et lorsque vous alignez des chiffres ? Quoi, il vous dira en face que vous êtes laids, atroces, ignobles, il parlera de justice et vous le laisserez vivre ? Allons donc ! mais c'est contraire à toute société organisée ; et les magistrats ont raison de songer aux galères pour lui :

Un ange furieux fond du ciel comme un aigle,
Du mécréant saisit à plein poing les cheveux,
Et dit en le secouant : « tu connaîtras la règle !
(Car je suis ton bon Ange, entends-tu ?) je le veux !

Sache qu'il faut aimer, sans faire la grimace,
Le pauvre, le méchant, le tortu, l'hébété
Pour que tu puisses faire à Jésus quand il passe,
Un tapis triomphal avec ta charité.

Tel est l'amour ! avant que ton cœur ne se blâse,
A la gloire de Dieu rallume ton extase ;
C'est la volupté vraie aux durables appas ! »

Et l'Ange châtiant autant, ma foi ! qu'il aime,
De ses poings de géant torture l'anathème ;
Mais le damné répond toujours : je ne veux pas !

Ce fut une bonne fortune pour Baudelaire de mourir en 1867. En 1878, la XIe chambre sévissant en raison du talent, l'eût condamné à l'exil, ou à une prison où les directeurs auraient tenté de l'empoisonner.

III.

Celui de nos parnassiens dont les origines sont trempées de l'orientalisme le plus absolu est aujourd'hui Catulle Mendès. Son vers, très-large, très-plein, garde quelque chose d'implacable dans la structure ; et le recueil de ses *Poëmes* est comparable à l'un de ces édifices d'architecture sacrée, orné de l'immense vestibule pylonique. Les grandes lignes héroïques du temple planent sur des assises monumentales ; cependant qu'au dehors le « bhandira » semble transmettre des bruits d'oracle, le voyageur qui pénètre dans l'édifice, se sent gagné à mesure qu'il avance, par une crainte mystérieuse ; sur les trépieds, les flammes symboliques lancent leurs jets aigus ; les pilastres portent un entrelaçage énorme de végétaux tordus qui paraissent exhaler des sons divinement troubleurs ; armé des talonnières de feu de l'extase, il voit, il monte sur les cîmes primitives avant l'époque où, d'après les jéhovistes, les siècles constituèrent un nombre, lorsqu'enfin la matière et la forme étaient encore futures.

Quant le visiteur sort du vieil édifice, debout sur la dernière marche, il regarde la nature sauvagement tendre,

Mêlée à la lumière et mêlée au matin.

et pour dogme unique, il reconnaît l'obligation d'aimer :

. . . .
L'amour c'est la vigueur sacrée,
. . , ...
« Aimez la plante; aimez les vieux chênes tremblants,
Car les branchages roux valent les cheveux blancs ;
Des bénédictions tombent des bras du hêtre,
Et la vieille forêt pensive est un ancêtre ! »

Ainsi, en s'enfonçant sous la construction architecturale de ces poëmes, le lecteur ressent l'impression du temple colossal qu'ils décrivent, et dont l'enceinte couvrirait sept arpents, de même que le corps du dieu Arès. Tels, se dressent comme une genèse de l'immuable : le *Soleil de minuit; Soirs* moroses; *Contes épiques*; *Intermède*; *Hesperus*; *Philoméla*; *Sonnets*; *Pantéléïa*; *Pagode*; *Sérénades*.

Nous qui repoussons la croyance au Dieu unitaire, nous n'en éprouvons pas moins, cependant, les sursauts effarants de cette poésie qui nous entraîne au fond des vieilles pagodes, de cette poésie qui, plus tard, nous communiquera la vision d'*Hesperus*, comme si nous étions parmi les mystiques qui rêvent la cité des chastes où ils perçoivent de grands couples d'époux à l'occident :

Pendant qu'une fleur balancée
Au toucher de leur front se teint de leur pensée.

Que peut-on créer au-delà d'une semblable face d'image ? Mais une des pièces où le caractère symphonique, ou l'extériorité immense de l'œuvre revit le mieux, est celle qui est empruntée aux *Soirs moroses* et intitulée : Adoration.

Prêtre, abjure l'autel. Vestale, éteins le feu.

Dans le cercle dont nul n'a marqué le milieu,
Et qui, s'élargissant d'étoiles en étoiles,
Fuit dans la transparence ironique des voiles,
Mon âme résolue a tenté les chemins

Du vertige, au-delà des horizons humains,
Et remonté le cours de la source première.
Qu'a-elle vu ? Du vent fuir dans de la lumière.
Et lorsque plus avant s'ouvrit l'illimité,
Qu'était-ce ? encor plus d'air dans bien plus de clarté.
L'âme alors, aux témoins de l'inconnu farouche,
Tremblante, a dit : « Où donc est l'œil, où donc la
                                              bouche,
Du regard que je vois, du souffle que je suis ? »
Le jour a répondu : « Je ne sais pas, je luis. »
Le vent a répondu : « Je ne sais pas, je passe. »
Ni l'Être, seul moment, seul nombre, seul espace,
Où se perd, comme une ombre au soir se mêlerait,
Le pénitent nourri des vents de la forêt,
Qui laisse, dédaigneux de la vie et de l'œuvre,
Dans sa barbe fleurir les ronces, la couleuvre,
Et l'oiseau se bâtir des nids dans ses cheveux ;
Ni le morne Iavèh qui frappe et dit : « Je veux,
Seul éternellement dans mon firmament sombre,
Que l'homme, de l'abîme où l'arche même sombre,
N'ait qu'un phare, ma gloire au front du Sinaï ! »
Ni Mithra, blanc et pur, des ténèbres haï ;
Ni toi qui fuis, voilée en un triple mystère,
Vague Isis ! ni le souffle enveloppant la terre,
Zeus orageux, et ceux que l'adorable Hellas
Pleure, ces dieux enfants, ces déesses, hélas !
Tous nés dans le Lotus que l'Inde vit éclore.
Car Hermès a conquis les Vaches de l'Aurore
Et l'écume, ô Laçkmi, de l'Océan lacté
Mouille encore les seins neigeux d'Aphrodité ;
Ni toi-même qui fus doux comme la tendresse
Des femmes, et, voyant l'homme errer en détresse
De Baal Ammonite au Sabaoth hébreu,

Pleuras, Emmanuel, de ne pas être Dieu !
Ni tous les immortels, Dévas, Démons, Génies,
Que tu bénis ou crains, que tu crois ou renies,
Esprit humain, chercheur de l'éternelle loi,
N'ont pu combler les vœux éperdus de la foi,
Et la splendeur du vide emplit les cieux terribles !

Pourtant, fausses lueurs, dans le lointain des bibles,
Hôtes des bleus Çwargas et des Ciels radieux,
Vous qui n'existez pas, anciens ou nouveaux dieux
Pour qui l'aube se lève ou que le couchant dore,
Forces ! Gloires ! Beautés ! Rêves ! je vous adore.

Est-ce que cette forme n'est pas large de criblures d'étoiles ? Est-ce que ce vers dont l'enfantement s'accomplit d'une façon si mystérieuse, n'imprègne pas dans le cerveau sa griffe de Sphinx ? Tantôt il monte taillé à pic ; tantôt il se précipite dans une ligne descendante sans contourner aucune spirale, avec une dure majesté, et sa chute fait penser à l'éboulement d'un cube de roc sur une plaine. Jamais plus étrange esthétique n'a contenu, après Hugo et Leconte de Lisle, une mathématique plus écrasante. Ce vers qui roule dans des orbites colossaux, trace sur son passage, ainsi qu'un météore, d'immenses ellipses ; à son approche les nuées se crispent de tendresse ou d'admiration, comme au contact d'un monstre énorme qu'on verrait parcourir le ciel avec un air d'innocence et de volupté.

IV.

L'école des derniers coloristes est arrivée avec deux ou trois de ses représentants, à une puissance de concentration extraordinaire. Elle pèse et soupèse la force des idées en les soumettant à l'épreuve de la contradiction, au feu des paradoxes. Elle essaie sa sonorité, sa valeur intrinsèque en la faisant résonner à tous les coins, comme on fait d'une barre de métal. Gautier, Feydeau, Flaubert, ont reconnu qu'il n'y avait rien d'inexprimable en elle; par conséquent, le romantisme se préoccupe tout autant que le réalisme en lui-même de l'empreinte rigoureuse des tableaux. On pourrait aussi l'appeler l'école des sens, tant son interprétation a l'exultance de la vie. La vie, quel que soit son aspect, l'emporte sur l'art noblement décoratif. Le style égyptien, style qui rentre dans le domaine de l'art somptuaire a-t-il pu supporter l'éblouissante lumière de l'art grec? De même le romantisme, qui acclamait cependant Rachel, a fait reculer le classique ; et aujourd'hui, la vigueur sanguine, la richesse, le débordement tout physique de la secte des irréguliers dont l'enveloppe crève de santé, est en voie d'atteindre son expression la plus intéressante.

Un reproche assez vif a été fait aux fanatiques de l'école de 1830. — On croirait, leur objectait-on, que vous vous complaisez dans certaines descriptions, tant vous prolongez l'analyse, tant vous affectez de caresser la lasciveté de quelques détails, au lieu d'en atténuer le cachet trop violent par une phrase corrective. — Atténuer ? affaiblir ? répliquent les disciples de Balzac et de Gautier. Certes oui nous nous complaisons à tout le plasticisme qui nous a été reproché. Certes oui, nous nous identifions à ces détails. En toutes choses d'esthéstique ou d'esprit il faut se complaire à ce qu'on touche, sous peine de ne rien faire de bon. Pour bien décrire, il faut sentir serpenter en soi la ligne qu'on va tracer ; il faut qu'elle oscille dans notre cerveau et qu'elle nous enlace les reins. La passion a son anatomie comme le corps ; si l'on ne s'attache pas à en faire sentir les muscles, à les grossir selon les lois d'optique nécessaires pour qu'ils paraissent posséder devant le lecteur leurs proportions naturelles, on sera faux et froid. Pourquoi arrive-t-il à nos expositions que les peintres voués exclusivement au style, sont battus souvent à plate couture par les peintres du sentiment ? C'est qu'à la rigueur, on peut se dispenser du style, mais qu'on ne parlera jamais aux sens et à l'âme sans avoir été ému préalablement, sans avoir éprouvé la véhémence et la chaleur de ce qu'on interprétait. Vivre, penser, parler son œuvre, la répandre et la déplacer, la mettre en pièces où l'édifier en proie aux transes mortelles de l'enfantement, voilà ce que les vrais artistes ont toujours éprouvé; la sentir remuer entre ses doigts toute chaude des flancs où elle a vécu, et subitement arrachée au cordon ombilical, la regarder s'ébattre, se nuancer en ses divers atours dans ses trémoussements radieux est impossible, si l'on ne s'est complu dans le modelage des argiles qui la constituent, si on ne les a pétries drues et serrées avec des pressions très-amoureuses. Même dans l'interprétation des choses les plus répugnantes, l'artiste doit s'agripper avec ses ongles et ses dents après la matière ; il doit la cueillir aussi bien sur les lèvres d'une fiancée, que dans ces cellules immondes où la viande qu'on appelle l'homme se pourrit toute vivante par l'asphyxie, les émanations horribles. Les mots, les phrases ont leur dentelure, leur feuillée ; les uns se découpent en veines tendres, rosées, bleues, en pétales détachées comme les rosaces d'église ; les autres imitent l'avachissement, telles que des gargouilles qui laissent ruisseler l'eau croupissante. La langue est un édifice dont l'échelle de proportion a mesuré les diverses parties où tout doit entrer, depuis les latrines jusqu'aux plafonds en polygones disposés pour l'envolée des paroles.

Que l'école dite réaliste, dont nous ne voulons pas méconnaître la puissance, ne s'illusionne donc pas ; ce qu'elle est, c'est au romantisme qu'elle le doit. Le rougeoyant de son caractère lui vient de lui, qui, le premier, s'est écrié : haine au gris. Les membres de l'école réaliste affectent de ne pas savoir ce que c'est que l'imagination, l'invention, l'agencement. Il est bien certain, qu'à leur point de vue, les procédés de construction doivent être regardés comme du poncif ; il est bien certain qu'ils jetteront aux derniers romantiques, l'insulte de réactionnaires ; mais, nous le répétons, la radiance la plus hautaine de leur talent leur a été donnée par le romantisme. Fatalement ils sont les fils de *celui qui est*, quoique dans leur ébranlement ils n'aient ni l'envergure, ni l'ironie démoniaque du sublime révolté de 1830.

Cette critique est applicable à toute l'école réaliste, et l'on pourrait prouver victorieusement, qu'en ses récents romans, aucun intérêt ne relie entre eux les personnages. Sous prétexte d'ouvrir une voie plus originale, plus vaste, les chefs de file se dispensent des lois les plus nécessaires à la composition. Le roman, tel qu'ils le comprennent, est une collectivité de descriptions, de peintures, de tableaux groupés par un faible lien ; mais ouvrez-le au hasard, vous ne sentirez pas le besoin de vous informer des évènements qui ont précédé ce que vous lisez. Les lois essentielles, artificielles si l'on veut, sont les lois absolues du genre, et il ne nous paraît guère possible que la localité du *morceau* tienne lieu en littérature, de l'obligation de s'astreindre aux règles de la construction. Il y a en toute œuvre d'esthétique des scènes de troisième et de quatrième plan à étudier, à faire naître ; tous les personnages n'y possèdent pas la même dimension, ne s'y maintiennent pas sur la même ligne; autrement l'on n'y rencontrerait ni perspective, ni proportion. Donc, un livre a des fonds, des prolongements, des lointains qui se rallient par des accords savants à l'action principale ; les élaguer est plus commode, mais alors, appelez cela une série d'analyses ou de thèses physiologiques, et non un roman. On peut mettre de la lenteur dans l'action, manquer d'invention, comme Balzac, mais n'en avoir pas moins un personnage dominant, pivotal, autour duquel se groupent toutes les évolutions des faits. Nous ne nous rappelons pas le nom de celui qui émettait cette pensée, qu'en art la foi ne suffisait pas, qu'il fallait le don; qu'en littérature, comme en théologie, les œuvres n'étaient rien sans la grâce. Le *Nabab* en est l'exemple. Rien de plus exact. Le tort général est de croire qu'aujourd'hui, en se plaçant en face d'un ou de plusieurs objets, et, en les décrivant avec minutie, on atteindra une poussée de sève et de vie dans le rendu qui suffira à l'enfantement. Non, la vérité, si palpitante qu'elle soit, exige autre chose, à moins que vous ne rêviez qu'à la réalisation d'un album de photographie, où vous mettrez des personnages les uns à côté des autres, où vous les collerez dans un format identique aussi ressemblants que possible. Non, l'effet mimé n'est pas l'unique condition; l'auteur, en pleine possession du plan heurté, brutal, trouvant le secret de rassembler en deux cent-cinquante pages l'odyssée d'une existence ou d'un caractère avec ses chutes et ses grandeurs, l'auteur qui coordonne des épisodes dans l'absolutisme d'un parti-pris juré, triomphera quand même, dans sa bizarrerie concertée, voulue, avant le livre qui chemine tranquillement, qui s'écoule sans ce même parti-pris, jusqu'à la dernière page. Seulement les naturalistes ne s'aviseront d'y songer que le jour où, frappant à la porte de l'institut, l'Académie leur répondra — à tort sans doute — repassez dans vingt ans.

En ce qui concerne l'exploitation de la pensée humaine, tout ce qu'elle recélait de tendre, de délicat, de nuancé, de postulations imprévues, a été pris par l'analyste. Il faudrait procéder, comme les biographes racontent de Baudelaire qu'il procédait : « Il avisa, non pas en deçà, mais au delà du romantisme, une terre inexplorée, une sorte de Kamtchatka hérissé et farouche, et c'est à la pointe la plus extrême qu'il se bâtit un kiosque, ou plutôt une yourte d'une architecture bizarre. » Nous qui aimons dans le style ce qu'il a de faisandé, nous ne voyons pas pourquoi, l'on ne chercherait pas encore au delà des frontières de l'extrême, le suraigu de l'invention, qui marche sur la tête lorsqu'elle ne peut tenir sur les pieds, et contraint l'esprit, le verbe, l'hallucination de prendre les moules les plus factices, plutôt que de rester dans la permission des lieux communs. Ce n'est donc point sous notre ineffable paresse d'imagination que se développera le roman actuel ; l'invention peut et doit être sommée de tout dire, comme l'oreille de tout entendre. La maturité des langues et des idées modernes avec leur pourriture verte, géographiant la forme comme la matière arrivée à sa corruption est géographiée de veines violâtres, doit rechercher toutes les interprétations, toutes les perversités de situation et de pensée. C'est aujourd'hui le seul moyen d'échapper à cette littérature, à ces livres faciles qui menacent de nous submerger. Inventer, paroxiser, toujours construire dans le rouge, dans le cuivre, dans le monstrueux et l'aberrant, pourvu que la charpente romanesque y soit, pourvu que l'analyse n'y tienne pas toute la place de la composition, voilà le moyen. A vous de vous dévoiler, replis angoisseux de l'âme qui cachez tant de tortures, de vous dénouer dans l'horrible, dans le tendre, dans tout ce que vous recélez de ténébreux et de fantastiquement doux ou terrible ! Qu'aucun écrivain n'espère plus des clichés aisés de l'art dans lesquels on veut le forcer à créer pour être accepté. Baudelaire, le saint Jean de ce Pathmos, a vu naître sur l'école actuelle les « soleils obliques des civilisations qui vieillissent. » Assez de verdure, de fleurs suaves, d'oiseaux chanteurs ; cherchez, cherchez ailleurs, même dans les excitations de la névrose, autre chose que des joies naïves et des décalques de banlieues, si vous souhaitez tenir entre vos doigts comme un nœud de reptile, l'homme moderne, l'interpréter tel que le reprennent sans cesse les vrais, les puissants romantiques, les réalistes convaincus, sous un certain effet de « surprise, d'étonnement et de rareté! »

Nous avons déjà dit un million de fois que l'œuvre d'art ne pouvait représenter d'autre but qu'elle même. Il n'est nullement obligatoire qu'un écrivain croie au bien ou au mal pour écrire, ce serait la plus suprême des sottises. Qu'est-ce que le mal, s'il vous plaît ?

Pour nous, le vice ne nous répugnerait pas en ce qu'il est le vice, mais parce qu'il dégrade et qu'il est une faute de goût. « Je ne crois pas, disait un critique, qu'il soit scandalisant de considérer toute infraction à la morale, au beau moral, comme une espèce de faute contre le rhythme et la prosodie universels. » Ce n'est point par intérêt pour l'homme qui ne vaut pas qu'on dépense une seconde à penser à lui, que nous regardons le mal comme une anomalie. Ce n'est point non plus par amour pour un semblable dont on se soucie fort peu, avec raison, d'autant mieux, qu'en général, ce semblable vaut moins que nous ; le mal est une dissonance, une note fausse qui grince désagréablement à l'oreille d'un euphémiste ; mais s'il ne faisait que nous débarrasser de notre prochain, de notre persécuteur hideux, croyez que ce ne serait pas le mal ; il prendrait tout à coup la place du bien. Le mal ne doit être ainsi qualifié, selon nous, qu'en ce qu'il détruit la marche et l'équilibre des choses, en ce qu'il est une difformité ; il ne détruirait rien du tout s'il ne s'attaquait qu'à la sûreté d'autrui individuellement, s'il parvenait à délivrer l'homme de l'homme ; car, presque toujours, il y aurait un méchant enlevé d'à côté d'un juste, et alors, nous le répétons, ce ne serait plus un mal, mais un bienfait. En un mot, le mal blesse, on l'a dit déjà, certains esprits poétiques ; mais ce n'est point par amour de l'humaine nature qu'on le doit repousser.

L'humanité n'est jamais une chose à regarder avec des attendrissements bêtes, et nous serions bien faché qu'on nous prît pour un Vincent de Paul littéraire. Au poil et à l'encolure de la société moderne, il est facile de concevoir qu'on ne choisit le bien, qu'en ce qu'il répond à des considérations d'élégance et d'aristocratie dont les raffinés préfèrent l'usage, à celui de l'auge où barbottent les groins malades de l'espèce. Voilà en quoi consiste notre appréciation du bien.

V.

Le naturalisme reste aujourd'hui une variété du romantisme ; c'est, après tout, Gautier qui l'a fait. Le naturalisme relève directement de cette école dont il a l'air de bafouer les éléments de composition ou d'invention. Zola relève des Goncourt; il leur a pris la formulation, non la facture ; le vocable, non l'envolée de la phrase. En est-il pour cela moins original, moins truculent? personne ne le dira. Et c'est ainsi qu'en ouvrant, par exemple, *Manette Salomon*, vous retrouverez les veines secrètes où l'auteur de l'*Assommoir* a dû se nourrir.

C'est à l'école de 1830 que l'impressionisme a emprunté sa fameuse tache. Corot, dans ses heures les plus nuageuses, a fait aussi de l'impressionnalisme. Le carré, le droit, le solide, le résistant, l'empâté du réalisme, ont leur génitif à la période du Camp des Tartares; de même que le *bousingo* fut une variété des *Jeunes France*, l'impressionnisme est une variété du romantisme. Seulement les romantiques passeront à l'état de classique par la durée, en ce sens qu'ils ont une impeccabilité de beauté faite pour plonger dans la stupeur. Les intransigeants ont aujourd'hui le mouvement qui surchauffe : ils paraissent changer d'harmonie comme on change de palette, mais c'est le temps qui se chargera d'appliquer ses tons roux sur leurs œuvres.

C'est lui seul qui leur donnera le ressort, les lointains, l'enfonçure, le culottage, l'enfumé d'une toile ancienne ; car, de même qu'un tableau, il faut qu'une création littéraire ait son reculement pour paraître quelque chose.

Parmi les œuvres des derniers naturistes, il est un sonnet bien connu du monde lettré et qu'il n'est besoin que de nommer pour que chacun le récite mentalement, depuis Victor Hugo, jusqu'au dernier des bohêmes. C'est le fameux sonnet intitulé : *Parce que...* Mais *parce que* nous n'ignorons pas qu'il n'est permis qu'au latin de braver même des magistrats, quoiqu'on dit; *parce que* il suffirait que ce fameux sonnet fût édicté sous nos doigts pour avoir l'honneur de nous escorter jusqu'à la plus bénigne, la plus révérencieuse, la plus courtoise, la mieux habitée, sous le rapport de l'éducation, de toutes les chambres, la XI°; *parce que* là, où un autre écrivain serait toléré à juste titre en citant le sonnet, nous ne le serions pas, nous, en vertu de ce principe dont les magistrats ne se départissent jamais : l'égalité devant la loi; *parce que* ces raisons sont connues, nous nous abstenons de citer les vers réalistes de M. Clément Privé.

Mais en 1830, les adversaires des Romantiques avaient certaines qualités de lutteurs, que les ennemis des *nouveaux*, des *jeunes*, ne possèdent plus aujourd'hui ; cette qualité de *nouveaux* fait barrer la rivière, et c'est à qui leur criera : on ne passe pas. — On ne passe pas, leur dit-on, car si nous vous laissions passer, vous pourriez devenir quelqu'un et cela nous gênerait ; on ne passe pas, car se permettre d'être vigoureux, indigné ou coloriste, alors que nous existons, nous les aînés, c'est nous offenser grandement. Dans un siècle où nous écrivons, s'aviser d'écrire est une outrecuidance risible.

Que de fois, en effet, ne l'avons nous pas deviné, qu'il y avait un nom de trop à vos côtés, celui qu'on prononçait — une place de trop, celle du nouvel arrivé — une œuvre qu'on enfouirait, celle qu'on pouvait deviner en préparation — une porte d'éditeur qui ne s'ouvrirait jamais pour une plume jeune, celle que vous aviez commencé à franchir — un journal qui ne vibrerait pas une fois, celui où vous occupiez une place quelconque — des maisons qui se fermeraient pour toujours, celles où vous aviez passé les premiers.

VI.

« Mesdames, agréez que je vous présente ce gentilhomme-ci. Sur ma parole, il est digne d'être connu de vous. »

C'est ainsi que la critique, empruntant les paroles du marquis de Mascarille, parle à l'égard de Barbey d'Aurevilly. C'est ainsi qu'elle le *détermine*, si l'on peut s'exprimer de la sorte. Il y a une légende sur M. Barbey d'Aurevilly : c'est celle qui consiste à en faire un bravache, un mousquetaire, un porteur de cape et d'épée. L'armure n'est pas en carton, comme on l'a dit ; la dague n'est pas restée enferrée. D'ailleurs, il faut, croyez-le, être homme de courage pour se maintenir adversaire déclaré du bourgeoisisme jusque dans le style de ses vêtements. Nous en connaissons plus d'un, ayant la sincère horreur du philistinage, qui n'oserait pourtant affronter les lunettes bleues de M. Prudhomme, en s'habillant comme s'habille l'auteur d'une *Vieille maîtresse* : ce qui équivaut à mettre le poing sous la gorge du manant, chaque fois qu'on sort. Oui, il faut une vraie bravoure pour rester un descendant du Cid, en l'an de grâce 1878 pour être épithétisé par tout un public, comme il l'est.

Certes, l'exagération est indéniable dans ce caractère ; c'est une originalité affectée ; mais ne vous y trompez pas, il y a en cette originalité quelque chose du sentiment qui faisait le jargon des précieuses, dont les mobiles, après tout, ne prenaient point leur source dans un vulgaire intérêt. Or, cet indépendant, ce capitan, ce matamore, *veut* être tel qu'il est :

> Je le veux afin qu'on sache
> Que je n'ai que ma moustache,
> Ma guitare et puis mon cœur.

Non, il ne pliera pas, il ne s'abaissera point, il portera haut la plume. aussi haut que le bout de sa botte à chaudron, s'il lui fallait la donner au derrière d'un bourgeois. Il se moquera jusqu'au bout de cette société, grosse rubiconde cuisinière, qui a la rage de nous peigner avec un peigne ébréché et de laisser tomber de nos cheveux dans les sauces qu'elle tourne, et qui, un jour, a voulu mettre ses doigts entre les feuillets des *Diaboliques*. Tant pis pour vous, cuistres ! si le bruit vous empêche de dormir, vous irez plus loin ; ce fendant vous rossera, plats utilitaires-moraliens, et vous êtes faits pour être rossés. Il vous fera porter les cornes du ridicule, et, ni bonnet, ni tiare, n'en aplatiront les bosses. Oh ! vous savez bien que c'est de vous, de vous qu'on parle, en évitant de nommer vos attributs professionnels.

Le romancier qui a écrit l'*Amour impossible* est doué du mot juste; sa phrase sonne quelquefois comme une note de cuivre; en lui empruntant ses expressions, elle reste « animalement » puissante. C'est qu'il se sert aussi bien du ventre que des pieds pour se traîner ou marcher au but qu'il se propose. Dans l'*Ensorcelée* il y a certaines descriptions de la presqu'île du Cotentin d'une morne splendeur, et des types d'une beauté de damnation étonnante. L'écrivain prend tantôt son sujet en long ou en biais, par séries de courbes irrégulières, ou promène la période en l'allongeant, soit que les mots se heurtent ou s'enjambent. Son style n'est pas sans offrir à l'oreille ces frôlements ailés d'une syllabisation particulière; il a de l'harmonie, du nombre, un équilibre naturel; l'auteur s'emballe aussi bien qu'un grotesque bas-bleu de 1848. Mais ne s'emballe pas qui le désire ! Ne perd pas pied qui veut pour se retrouver à la surface du sol quand on le souhaite ! Il nous semble entendre cette voix stentorisée de Barbey d'Aurevilly : — Holà ! monsieur l'infime ! monsieur l'infiniment petit de la critique, qui vous permettez d'admirer Georges Sand, faites-moi donc l'honneur de me mépriser, moi ! — Ce *moi*, est gros, par exemple ; on ferait du chemin avant de retrouver un moi pareil. N'importe, ce *je*, ou ce *moi* a de l'allure ; tout le monde ne peut pas dire : *moi*, et lui, il le peut.

Affecter la Gargantuaillerie littéraire qui se pique de tout avaler, et qui analyse avec un faux bel esprit quintessencié les détritus de ses digestions, c'est là une des monomanies fréquentes de Barbey. Tandis que Veuillot, l'inexpressible assis dans l'ordure, se frappe la poitrine à coups de poing, en criant malheur ! malheur ! mais sans avoir la bonne fortune de tomber raide-mort le troisième jour, ainsi que je ne sais quel prophète, Barbey d'Aurevilly, lui, nous apparaît un peu comme un croisé qui s'envole pour la guerre sainte, sur l'air de la *Reine Hortense*. Au fond, nous croyons qu'il se rend très bien compte de l'inutilité de ses charges à fond de train ; mais alors pourquoi en ouvrant son écritoire, après s'être tortillé le poil de la moustache comme un sergent, a-t-il toujours l'air de partir à la délivrance du tombeau du Christ ? Peut-être même qu'il a demandé, avant de s'asseoir à sa table de travail, la bénédiction de son père, de sa mère, et de ses cinq tantes, tant il met de solennité à nous avertir de l'importance de sa mission. Ce n'est point une duperie des choses, ni des hommes, et pourtant il a des fureurs comme quelqu'un qui croit que c'est arrivé.

Mais chez lui le heurt est si violent, qu'on se surprend à être acteur dans la mêlée ; on donne des coups de poing avec l'auteur ; le bruit du fer nous excite ; on troue par ci, on trébuche par là ; l'on se fend et l'on se ramasse, mais jamais on ne s'accule, et la boxe y donne la sensation délicieuse d'un jet de vie physique qui circulerait tout à coup en effluves abondantes sous des muscles éprouvés. On a le sang plus chaud, la poitrine plus effacée, le jarret plus d'aplomb, le cou plus dégagé. — Chose étrange, on dirait qu'on retrouve en lui le même fait que dans son antipode, Zola : de bonnes grosses idées circulant sous un beau gros front, avec de grosses tentations de retrousser sa manchette jusqu'au coude et de joûter comme un Auvergnat.

VII.

Nous, enrolé parmi les misérables de cette génération; nous, que la magistrature regarde en roulant son œil jaune, et qui sommes destiné à ne rien édifier, il nous a paru très bon, très doux de nous retourner vers cette pléiade du romantisme. Se sentir dominé par quelque chose de plus fort que soi, qui permet de dire sous les verroux à ses argousins : — Il y a un peu de nous-même qui s'envole à tire-d'ailes, à travers les barreaux, et sur lequel vous n'avez aucune prise; nous ignorons ce que c'est, mais ce quelque chose de notre nature vous échappe à perpétuité ; vous ne l'aurez pas malgré vos efforts. — Est-ce que ce n'est déjà point user de représailles envers eux?

Nos doyens, nos magistrats protecteurs, ajouterons-nous en les regardant en face, ce sont eux les poëtes, les sculpteurs divins, les contemporains de la *Notre-Dame*, et nous ne reconnaissons qu'eux seuls. Et quand ceux-là sonneront leur tocsin contre l'ordre de choses, vous n'aurez, messieurs les demandeurs, jamais d'autre mission et d'autre figure que celle de pompier ! — Est-ce que cette conviction ne nous donne pas chaque jour une revanche inénarrable ? — Notre culte de l'art vous suffoque ? Tant mieux, nous le conserverons. — Notre amour de la poésie nous conserve libre, même en comparaissant dans vos prétoires ? Tant mieux, nous aimerons. Et dans cette prison, dans ce cachot qui se prépare pour l'artiste en démence, il y aura peut-être une branche grimpante qui se glissera malgré vous au grillage; un jet de feuilles où s'enferme une abeille : un bourdonnement et un parfum. Et encore nous nous sentirons libre, libre sous la pensée grandement flottante, qu'auront réveillée en nous les poëtes, les sculpteurs divins, les contemporains de la *Notre-Dame!*

Reprenons, en manière de conclusion, ce que nous avons dit dans notre préface :

Il y a quarante huit ans que la révolution romantique est accomplie. Aujourd'hui nous en voyons commencer une autre : celle des *naturistes* ou des naturalistes.

Mais la cohue des infâmes qui constitue la

société actuelle, laissera-t-elle cette révolution littéraire s'accomplir? C'est ce que l'on ne peut prévoir, depuis que les gouvernements modernes ont entrepris de faire une descente dans tous les encriers. Autrefois on offrait aux gens de lettres des places de valets de chambre ; aujourd'hui que chaque particulier, ou chaque représentant d'un pouvoir est plus ou moins le subalterne d'un autre pouvoir, le nom de valet n'a rien qui déshonore, la livrée est bien portée ; on n'offusquerait aucun homme en lui offrant une position de laquais. Il y a déjà quelque temps que ce titre de laquais a pris son rang, son étiquette, son pouvoir dans l'état social, qu'il en constitue l'une des conditions les plus importantes, vu le rôle que la domesticité est appelée à jouer, en matière d'honneur, dans les diverses classes parisiennes.

Donc, autrefois, disons-nous, on offrait cette place aux gens de lettres. Elle est, nous l'avons dit, devenue lucrative, et si expressément goûtée, puisqu'elle se recrute parmi les plus hautes sommités, que ce n'est plus une injure envers personne de la proposer. Au folliculaire qui la refuserait comme offensante, le grand seigneur pourrait répondre avec un imperceptible mouvement d'épaule :

— Mais, mon cher, est-ce que nous cesserons d'être égaux vous et moi ? Est-ce que nous ne sommes pas tous, plus ou moins, gens en place, des valets ? Soyez donc de votre temps, et prenez comme moi l'habit à boutons de métal, on s'y fait...

Ce n'est plus une infamie à jeter sur quelqu'un à qui on a accordé le nom de critique ou de poëte, de lui offrir cette fonction, qui conviendrait rationnellement, selon nous, aux bas-bleus modernes, les plus puantes odeurs de femelle qu'on ait jamais respirées, et parmi lesquels on recruterait d'excellents mouchards.

Telle est la crise actuelle.

De plus, on institue également un ministère que nous désignerons un instant le ministère des « circonlocutions », et qui a pour mission de filer les écrits de sept ou huit publicistes en évidence. Enveloppés comme dans les réseaux d'acier d'une cotte de maille, chaque fois que ces pionniers de la plume rêvent de décrire ce que l'on appelle les *exceptions* de la vie humaine, les régions inexplorées de l'art sensualiste, les souffrances de la portion des déshérités, et leurs efforts pour réagir; il devient de plus en plus périlleux à ces sept ou huit plumitifs de se montrer franchement naturalistes, c'est-à-dire irréguliers; ils sont les grains de mil destinés à gaver les nombreux estomacs qui ne dînent et ne soupent que de publicistes, car il faut faire du zèle dans le fonctionnarisme : sans zèle point d'avancement. La page commencée chez l'écrivain le matin, peut s'achever derrière la grille de Mazas ou de Clairvaux; tout est possible, il n'y a pas d'article de loi sur ce point.

Voilà où nous en sommes, nous autres, les intransigeants. Où commence le droit? Où s'arrête-t-il? La législation, cette pure déesse au nez à bec de corbin, aux ailes de chauve-souris, planant au faîte de toutes les maisons de Paris, afin d'entendre par les tuyaux des cheminées ce qui s'y passe, est muette à ce sujet. Un soir d'ennui, pareille à un hibou perché sur le buste de Pallas, elle dit en faisant clignoter ses vilains petits yeux : Un tel a besoin d'être raccourci — et elle le raccourcit en effet. Cela n'est pas plus difficile que cela.

A l'homme politique, seul, appartient de tout dire; ses déchaînements lui sont pardonnés, sous le prétexte qu'en commandant le crime ou les voies de fait, il n'obéissait qu'à ses passions et que ses passions sont respectables parce qu'elles émergent de la politique. Mais le critique purement littéraire, qui se permet d'inscrire le procès d'institutions cléricales ou de promener ses sentiments à lui dans le domaine de l'imagination, de faire revivre des personnages historiques, ou de donner un corps véhément, accusé à ses fictions, celui-là, il paraît, n'ayant obéi à aucune passion, n'ayant poussé à aucune représailles, outrage ce qu'il y a de plus sacré dans l'Etat — nous ne savons pas quoi par exemple — mais enfin il outrage. Son délit s'appellera : atteinte à la morale. Celui de son confrère, — il nous plaît d'insister deux fois là-dessus, — qu'il ait réclamé ou non la tête d'un adversaire, est tout simplement placé sur le compte d'élans trop chaleureux, de convictions trop ardentes qui l'ont contraint à la violence, voire même à autre chose... Qu'est-ce que cela, un meurtre ? Quand il est politique, le meurtre se conçoit ; mais un délit contre les mœurs, un délit qui consiste à s'être occupé des XVIe et XVIIe siècles, ne mérite aucun pardon. Vive le meurtre qu'on amnistie! Au bloc, au carcan d'infamie, à Poissy, à Clairvaux les chercheurs, les réalistes! Point de quartier pour eux.

Sang et mort! mais vous avez raison envers nos aînés, les polémistes politiques; mais loin de nous l'idée d'y contredire! Cependant, s'il ont leurs passions, est-ce que nous n'avons pas les pareilles? Est-ce que l'homme n'est point partout semblable à l'homme? Est-ce que notre tempérament n'est point tout aussi capable que le leur de dépasser le but que vous nous interdisez de franchir? Est-ce que nous avons un instrument différent qu'eux dans les mains; est-ce que ce n'est pas la plume, toujours la plume, rien que la plume qui se meut entre leurs doigts comme entre les nôtres? Est-ce que nous vous avons offensé avec autre chose que de l'encre d'imprimerie? Regardez, pesez, et dites si votre justice n'a pas deux poids et deux mesures!

Mais nous entendons une voix qui nous crie:
— Non, non, misérable volatile de poëte n'espère ni en bas, ni en haut, ton heure, c'est l'heure douloureuse! Va plus loin, toujours plus loin, éternel banni; féconde de tes sueurs et

continue d'étayer les branches de l'arbre dont tu ne verras pas le faîte : qu'importe où s'arrêtera ton martyre ! T'imagines-tu, par hasard, que les hommes entendront jamais quelque chose à ton amour insatiable du beau ? T'imagines-tu que, dans leur toute puissance, ta folie relative te vaille, à leur point de vue, autre chose qu'un cabanon ? Va plus loin, toujours plus loin; jusqu'au jour où ils mettront pour la dernière fois la cognée dans tes vieux flancs; où, de tes os dispersés, naîtront peut-être les branches fleuries qui éveillent le sourire des heureux Va jusqu'au jour où la mort délivre; où ton espérance trompée se balançant sur le cyprès des cimetières, comme le corbeau funèbre d'Edgard Poë, répondra à tes demandes, à tes souhaits de justice radieuse : « Jamais ! jamais plus ! »

TABLE

Romantiques et intransigeants...............	1
Eugène Delacroix........................	19
Victor Hugo............................	25
Alexandre Dumas........................	30
Théophile Gautier.......................	36
Madame Dorval.........................	41
Frédérick Lemaître......................	46
Alfred de Musset........................	50
George Sand...........................	56
Arsène Houssaye........................	60
Jules Janin	68
Balzac	74
Gérard de Nerval........................	86
Lamartine.............................	97
Alphonse Karr	106
Théodore de Banville....................	113

Les peintres de la couleur et du sentiment : —
Ary Scheffer. — Deveria. — Boulanger. —
Decamps. — Marilhat. — Diaz. — Théodore
Rousseau. — Jules Dupré. — Corot......... 123

Alfred de Vigny. — Emile Deschamps. — Auguste Vacquerie. — Joseph Delorme........ 153

Le Camp des Tartares. — Petrus Borel....... 175

La Bohême romantique. — Louis Bertrand. —
Philotée O'Neddy. — Mallefille. — Etienne
Eggis.. 199

Les Romantiques d'arrière-garde. — Alphonse
Esquiros. — Roger de Beauvoir. — Charles
Coran. — Henri Vermot. — Charles Baudelaire.—Napol le Pyrénéen.—Charles Didier.—
Catulle Mendès. — Barbey d'Aurevilly. —
Clément Privé 224

ŒUVRES
DE
MARC DE MONTIFAUD

LES COURTISANES DE L'ANTIQUITÉ
MARIE-MAGDELEINE

INTRODUCTION : l'Orient.
PREMIÈRE PARTIE : Les Courtisanes de l'antiquité. — La Grèce. — Hélène. — Sappho, — Aspasie. — Thaïs. — Glycère. — Laïs. — La Vénus de Praxitèle — Les Précieuses de la Voie sacrée. — Les Maîtresses d'Horace. — Lesbie, Délie, Corinne. — Cléopatre.
DEUXIÈME PARTIE : Marie-Magdeleine, la Pécheresse de la ville. — Portraits de Marie-Magdeleine. — Caractère historique de Marie-Magdeleine. — l'Art Judaique. — La Courtisane de Magdala. — Chez le Pharisien. — Jésus et Magdeleine. — Derniers jours passés à Béthanie. — Le lendemain du Sabbat. — Le Désert.
Un vol. in-8, 3ᵉ édition, prix : 5 fr. — Un vol. in-18, 5ᵉ édition, prix : 3 fr. 50.

HISTOIRE D'HÉLOISE ET D'ABAILARD

INTRODUCTION. — Comment Abailard se fit aimer. — La rue du Chantre. — L'amour sans le mariage. — La vengeance d'un homme d'église. — Le monastère d'Argenteuil. — Eloys au Paraclet. — Abailard et l'abbé de Rancé. — La vallée de l'Ardusson. — Les impénitents de l'amour. — Lettre d'Abailard à un ami. — Lettres d'Eloys à Abailard. — Lettre d'Abailard à Eloys. — 1 vol. in-18, 2e édition. — Prix 3 fr. 50.

LES VESTALES DE L'ÉGLISE

Etudes sur les mœurs, coutumes, licences des couvents du Moyen âge et de la Renaissance.

PREMIÈRE PARTIE : La Légende des Vierges Folles. — Les Premières Vestales. — Les Bien-Aimées. — Hroswitha. — Les Religieuses de Fonte-Evrault et Robert d'Arbrissel. — Les Chanoinesses et les Bernardines. — Les Parcs-aux-Cerfs de l'Eglise. — Les Joyeux devis des Vestales. — La Messaline du Vatican. — Sainte Thérèse. — L'Incube. — Les Livres d'heures et les bréviaires. l'In pace.

DEUXIÈME PARTIE : L'Abbé de Choisy (comtesse des Barres) — Les Faiblesses de M. de Meaux. — Les Aumôniers de couvent, l'abbesse de Saint-Etienne. — L'Abbesse de Fontevrault, Gabrielle de Rochechouart. — La Cadière. — Mme Guyon. — L'Abbesse de Chelles.

Première édition, format in-8 (Bruxelles), prix, 5 fr.

— Deuxième édition format in-18 jésus (Bruxelles), prix 6 fr.

Il a été fait un tirage de la deuxième édition à 100 exemplaires numérotés sur grand papier de Hollande des fabriques de Van Gelder, d'Amsterdam. — Prix, 12 fr. (Ouvrage interdit en France.)

RACINE ET LA VOISIN

Dans cet ouvrage, l'auteur ne craint pas d'affirmer d'après les révélations de la Voisin, la célèbre empoisonneuse, et une lettre de Louvois, tirée des *Archives de la Bastille*, que Racine aurait empoisonné sa maîtresse, Melle Du Parc, la grande comédienne.

1 vol. in-18 avec portrait de La Voisin. — Prix 2 fr.

Il a été fait un tirage grand papier de Hollande à 100 exemp. numérotés. Prix 10 fr.

LES VOYAGES FANTASTIQUES DE CYRANO DE BERGERAC

PREMIÈRE PARTIE : Voyage aux Estat et Empire de la Lune.

DEUXIÈME PARTIE : Voyage aux Estat et Empire du Soleil.

Précédé d'une notice sur la vie et les ouvrages de Cyrano de Bergerac.

Un fort volume in-18, tiré sur papier de Hollande à 500 exemplaires. Prix, 12 fr.

ALOSIE, OU LES AMOURS DE Mme DE M. T. P.

avec une notice

SUR PIERRE CORNEILLE BLESSEBOIS

(Ouvrage condamné et complètement épuisé)

LE LION D'ANGELIE

HISTOIRE AMOUREUSE ET TRAGIQUE

PAR PIERRE CORNEILLE BLESSEBOIS

Réimpression de l'édition originale (Cologne, 1676), chez Simon l'Africain, avec une notice sur le style romanesque, et Réponse aux attaques contre Blessebois. (Bruxelles, A. Lacroix et Ce éditeurs, 1877.)

Un très-joli volume in-18 jésus, tiré sur papier de Hollande des fabriques de Van Gelder, d'Amsterdam, à 500 exemplaires numérotés. Prix, 6 fr.

LES TRIOMPHES DE L'ABBAYE DES CONARDS

Sous le resveur en decimes Fagot, abbé des Conards, contenant les criees et proclamations faites depuis son advenement jusques à l'an présent.

Plus l'ingénieuse Lessive qu'ils ont conardement monstrée aux jours gras en l'an M. D. X. L.

Plus le testament d'Oüinet ; de nouveau augmenté par le commandement dudit abbé, non encore veu.

Plus la Letanie, l'Antienne et l'Oraison faite en ladite maison abbatiale en l'an 1580.

Réimpression de l'édition originale (Rouen 1587), Chez Nicolas Dugord, libraire, demeurant en Erbanne, près l'image S. Romain.

Précédé d'une notice sur la Fête des Fous au au moyen âge. — Paris, 1877

Un joli volume in-18, tiré à 300 exemplaires sur papier de Hollande. Prix, 6 fr.

LE ZOMBI DU GRAND PÉROU OU LA COMTESSE DE COCAGNE

PAR PIERRE CORNEILLE BLESSEBOIS

Réimpression de l'édition originale (15 février 1697), avec une notice sur les harems noirs, ou les mœurs galantes aux colonies. (Bruxelles, A. Lacroix et Cᵉ, éditeurs, 1877.)

Un très-joli volume in-18 jésus, tiré sur papier de Hollande des fabriques de Van Gelder, d'Amsterdam, à 500 exemplaires numérotés. Prix. 6 fr.

SOUS PRESSE:

HISTOIRE DE LA CHAMPMESLE

PRÉFACE PAR ARSÈNE HOUSSAYE.

Un volume in-18 jésus, tiré à petit nombre.
Il sera fait un tirage spécial sur beau papier de Hollande à 100 exemplaires numérotés.
Portrait de la Champmeslé gravé par Hanriot.

NOTA. — *Adresser les demandes à l'auteur 27, rue Neuve-des-Mathurins, à Paris, en envoyant le montant en un mandat-poste. Tous ces ouvrages seront expédiés directement de Paris, à l'exception des* VESTALES DE L'ÉGLISE, *dont l'ordre d'expédition sera transmis à Bruxelles, où le volume a été publié.*

www.ingramcontent.com/pod-product-compliance
Lightning Source LLC
Chambersburg PA
CBHW050656170426
43200CB00008B/1313